主　编　刘　晏　潘海燕

顾　问　尤　一

副主编　沈　勇　袁　敏　杨雯娟　董华屏

　　　　张云强　王立波

编写人员（排名不分先后）：

　　　　邓仁钰　冯　亮　高　峰　贺　敏

　　　　胡彩琳　胡　萍　黄　兴　李　静

　　　　刘　琳　刘雅婷　刘志琼　隆　群

　　　　罗　婷　吕　惠　吕正芳　邵　琳

　　　　舒莉单　王怀宇　王　琳　吴霜露

　　　　叶玮琳　余梦妮　张敏琪　周丽娟

　　　　周蓉驰　周玉荣

"走向真实成长"四川大学附属实验小学集团
教育实践成果系列丛书

情智数学

——现代生活教育实践

刘晏 潘海燕 主编

四川大学出版社
SICHUAN UNIVERSITY PRESS

图书在版编目（CIP）数据

情智数学：现代生活教育实践 / 刘晏，潘海燕主编
. — 成都：四川大学出版社，2024.1
ISBN 978-7-5690-6565-7

Ⅰ．①情… Ⅱ．①刘… ②潘… Ⅲ．①小学数学课－
教学研究 Ⅳ．① G623.502

中国国家版本馆 CIP 数据核字（2024）第 029826 号

书　　名：情智数学——现代生活教育实践
　　　　　Qingzhi Shuxue——Xiandai Shenghuo Jiaoyu Shijian
主　　编：刘　晏　潘海燕

选题策划：唐　飞
责任编辑：刘柳序
责任校对：王　锋
装帧设计：墨创文化
责任印制：王　炜

出版发行：四川大学出版社有限责任公司
　　　　　地址：成都市一环路南一段 24 号（610065）
　　　　　电话：（028）85408311（发行部）、85400276（总编室）
　　　　　电子邮箱：scupress@vip.163.com
　　　　　网址：https://press.scu.edu.cn
印前制作：四川胜翔数码印务设计有限公司
印刷装订：四川华龙印务有限公司

成品尺寸：170mm×240mm
印　　张：10.125
字　　数：155 千字

版　　次：2024 年 5 月 第 1 版
印　　次：2024 年 5 月 第 1 次印刷
定　　价：58.00 元

扫码获取数字资源

四川大学出版社
微信公众号

目　录

知

行

芳

情智数学

· 现代生活教育实践 ·

章一 我们的文化：附小文化发展

自清光绪三十四年（1908年）徐炯先生创办四川通省师范学堂附设高等小学堂至今，四川大学附属实验小学（简称川大附小）已经走过百年的风雨历程。川大附小从诞生之日起，就与四川大学这所知名大学的学术文化水乳交融。站在四川大学的文化平台上回顾附属小学

的历史脉络，川大附小人肩负着中国基础教育发展改革的历史使命感和民族教育的责任感。在放眼中西方教育的对比和人类文化传承方式的思考中，附小人在人类文化的发展上不断探寻。

一、历史回望——教育前行中的百年积淀

川大附小百年办学史中，六易校址、十易校名，每一次校址、校名的更迭都与当时的时代背景有很大的关系，是中国教育历史的缩影。

（一）鹰隼试翼（1908—1939年）

1908年：四川通省师范学堂附属高等小学堂

四川通省师范学堂于1905年建成，是四川大学的前身之一。在首任监督徐炯先生的建议下，1908年创办四川通省师范学堂附属高等小学堂，这就是川大附小的前身，地址位于皇城贡院西偏院（今四川展览馆西侧）。徐炯先生亲自兼任附小堂长（校长），为附小首任校

长。他的教育主张"学生事大"成为附小教育的源点、归宿和灵魂。

1918 年：国立成都高等师范学校附属小学

1916 年，四川高等学校与四川高等师范学校合并，改名国立成都高等师范学校，成为当时四川的最高学府。1918 年秋，小学堂随之改名为国立成都高等师范学校附属小学（简称高师附小），校址迁至成都劝业道衙门对面煤山一带（皇城前蚕业讲义所）。此后，邓胥功先生提出了附小办学原则：注重德育、发展智育、开展体育、培养爱国思想和民族自尊心，主张男女平等。他把"做一个堂堂正正的人"定为校训。

吴玉章先生进行的学制和课程的双改革，让高师附小逐渐成为一所完全意义上的小学校。

1927 年：国立成都师范大学附属小学

1927 年秋，国立成都高等师范学校师范部分改办国立成都师范大学，原国立成都高等师范学校附属小学随之更名为国立成都师范大学附属小学，校址在皇城后子门原址。学校在教学方面秉承高师附小的传统和方法，采取自学辅导主义，注重学生主动学习，如课前预习、课后复习等，教师均立于辅助地位，尽指导之责。

1932 年：国立四川大学附属实验小学

1931 年，国立成都大学、国立成都师范大学、公立四川大学三江汇流，正式组建统一的国立四川大学。之后，原国立成都师范大学附属小学相应改为国立四川大学附属小学，校址在原国立成都师范大学附属小学皇城原校址。

国立四川大学附属小学成立后，最大的问题是战乱仍频、经费无着、面临停办。

1935 年：四川省立实验小学

1935 年，经国民政府教育部、四川省政府和四川大学商定，四川大学附属男女中学、附属小学由四川省教育厅奉教育部令接收办理。1935 年秋，川大附小拟办实验小学，并更名为四川省立实验小学。

（二）曲折前行（1939—1994 年）

1939 年：报国小学

战争时期物价飞涨，四川大学迁至峨眉山，川大附小也随之迁至峨眉山报国寺旁，更名为报国小学。至此，中断数载的附小学堂在战争的艰苦岁月里浴火重生。

1941 年：国立四川大学师范学院附属小学

报国小学在成立两年后，于 1941 年 8 月正式更名为国立四川大学师范学院附属小学。

1943 年，四川大学从峨眉迁回成都，附小也随着校本部迁回，校址在四川大学望江校区列五馆。1949 年 12 月 27 日，成都解放。次年 1 月 7 日，中国人民解放军派出军事代表组接管国立四川大学，四川大学师范学院附属小学由西南文教部委托四川大学管理，从此开始书写新的历史。

1952 年：成都市望江楼小学

1952 年，四川大学师范学院附属小学改名为成都市望江楼小学。1956 年，望江楼小学由四川大学列五馆迁至头瓦窑。时任校长顾品月积极推进设计教学法，在学校推行学生自治和自主管理，开展了一些类似学生警察、商会等的体验活动，这是现在川大附小"72 行"活动的雏形，也是生活化教育的起源。

1967 年：成都市劳动路小学

"文化大革命"时期，成都市望江楼小学改以学校所在地"劳动路"为名，称成都市劳动路小学，其间开展了大规模的"学工""学农"等勤工俭学活动。

"文化大革命"结束后，学校工作全面恢复、稳步发展，学校体育教学成绩喜人，成为成都市乃至四川省小学体育教育的一个重要基地。1978 年恢复了小学升初中的毕业考试，劳动路小学毕业考试成绩获成都市第一名。

自 20 世纪 80 年代以来，学校在办学思想、教学观念、管理模式、课堂教学改革、教师队伍建设等几个方面都发生了深刻的变化，并逐渐形成了艺术教育、愉快教育、计算机教育、外语教学这四大办学特色，劳动路小学的艺术教育走在了武侯区乃至成都市中小学艺术教育的前列。时任校长范绍棠引进教育科研，开始教育评估，注重教师队伍的建设，开创了当时成都市乃至四川省公立学校办寄宿制教育的先河。

（三）华章彩韵（1994 年至今）

1994 年：四川联合大学附属实验小学

1994 年，四川大学和成都科技大学合并为四川联合大学。1995年，成都市劳动路小学和九眼桥小学合并组建四川联合大学附属实验小学，校址位于四川联合大学的玉章路，与四川联合大学的整体规划有着密切的联系。学校结合实际，审时度势、不失时机地制定了"办一流学校，育一流人才——四川联合大学附属实验小学三年规划"。这是附小发展历史上第一次制定学校的中短期发展规划，为学校的进一步发展描绘了美好的蓝图。

1998 年：四川大学附属实验小学

1998 年，教育部决定将四川联合大学更名为四川大学，四川联合大学附属实验小学又随之更名为四川大学附属实验小学。1999 年后，附小以生活教育作为学校的主流办学思想。

1999 年，"三年发展规划"的制定使附小办学目标和教育理念初步形成。2003 年的"五年发展规划"在继承学校特色教育办学时期成果的基础上，提出追求"现代儿童生活教育"的理想目标，用"培养具有鲜明个性，并能创造和享受文明生活的新生代"的育人目标作为办学的出发点和归宿。

2017 年，附小明确提出"现代生活教育"为附小教育思想，同时，在新时代将"培养具有良好素养、鲜明个性，并能共同创造和享受美好生活的新生代小公民"作为附小的育人目标，具有和善品质、创造精神为其核心。因此"做堂堂正正中国人·成和善创造生活家"成为新时代附小学生最大之事。

川大附小悠久的发展历史，彰显出一流的办学成就。这是同一种精神的脉动。徐炯、吴玉章、邓胥功、王右木等教育前辈在国事维艰、民族危亡之际的变革求新以及献身精神，和今天川大附小人对生活教育理想的追寻和坚守是一脉相承的。

这是同一种文化的传承。"海纳百川、有容乃大"的大学精神，是川大附小文化的根与源，"做堂堂正正中国人·成和善创造生活家"是川大附小在传承中的时代使命，激励着一代又一代的师生自强不息、追求卓越。

二、思想生长——文化传承中的发展创新

（一）思想文化生长创新

川大附小在百年风雨历程中执着求索，汲取了四川大学厚重的文化积淀、海纳百川的人文精神，铸就了学校发展的坚实基础和独特文化。近年来，川大附小不断探寻教育的本质，持续深化生活教育的内涵，稳步提升办学品质。在大学精神的滋养下，川大附小始终致力于儿童学习生活的实践与研究，以"因生活而教育，在生活中教育，用生活来教育，为生活向上向好而教育"的现代生活教育为价值取向，秉承"以大学文化孕育小学教育个性，以大师思想培养小学教育品质，以校本研究建构儿童可持续发展的普适路径"的教育使命，建成了凸显"生态乐园、人文学园和科技家园"的生态环境文化，形成了"名师引领、梯度发展、个性鲜明"的教师团队文化，发展了指向儿童成长的"学科课程、生活实践课程、教师发展课程"的课程文化，优化丰富了"规划导航、阶段实施、制度保障"的现代学校管理文化。川大附小学校文化个性特质凸显，学校文化建设形成了立体结构、整体推进的良好态势，文化育人气韵明显，产生了较大的社会影响。

2017 年 8 月，第一次完整地形成了附小教育的文化价值表达。

2018 年 12 月，初步完成了附小教育文化的整体建构。

2019 年 12 月，在反思性实践中进一步梳理，形成以附小教育灵

魂为核心的"根本价值""基本价值""重点概念"三大附小教育文化哲学系统。

2020 年 6 月，在 2019 年梳理形成的教育文化的基础上进行深度思考，形成了附小教育文化哲学的核心表述，即三大命题，并以此引领学校文化的系统展开。

第一命题：学生事大；第二命题：做堂堂正正中国人·成和善创造生活家；第三命题：海纳百川·行知合一·向上向好。

2021 年 1 月，明确了附小教学主张——"现代生活·情智课堂"。

现代生活教育：因现代生活而教育，在生活中教育，用生活来教育，为生活的向上向好而教育。

情智课堂：用"情、智、胆、志"四维链接"儿童感、生活味、思维度、创造性"四涵，直指"情智胆融"，求解儿童的真实成长。

（二）环境文化滋养浸润

学校是文明的摇篮和师生的精神家园，学校最值得品味的东西是学校拥有的文化。作为学校理念和精神文化的重要诠释者——环境物质文化，潜在地促使师生行为文化的形成。校园环境物质文化建设是通过对校园环境空间、内涵及设备的文化性选择与改造，赋予生活在此空间内的人和物在一定时间内的时空逻辑关系，使其获得一段独特的生命历程，在对客体的解释、理解和重新赋义中实现主客体的文化感悟与成长。

通过持续的建设，今天的川大附小校园环境幽雅，文化气韵弥漫。银杏大道、芭蕉林、三楼绿廊、百合溪流、百合林、五果园、桂花园、百合农场等让校园生态充满自然气息，房隐树间。各种石景让生态乐园在灵性中增添了一份坚韧与回味。诸子堂、致远厅、校史馆、子休亭、博弈廊、生活行等场所，既是精神的诉求，更是我们远航的风帆。

百合书苑浸润着"在生活中阅读，在阅读中生活，让阅读成为休息的一种方式，进而成为生活的一种方式"的价值追求，实现了校园

"处处皆文香、文香时时有"的文香学园的建设愿景。学活厅、求真厅、从善厅、尚美厅、育人壁等则时时警醒着我们的育人追求。远程互动室、多媒体教室、信息室、校园网络、陶艺室、手工坊、学术厅则诠释了科技校园的内涵。

生态操场

校史馆

百合溪谷

诸子堂

百合书苑

生生美术馆

川大附小校园环境物质文化的建设达成了"用环境文化滋养师生的心灵，让设施设备拓展师生的自由"的学校教育思想和主张。

今日的川大附小校园，成为师生的乐园与趣园。

今日的川大附小校园，成为激发创造精神，润育人才的摇篮。

今日的川大附小校园，成为师生灵魂的栖居地！

章二 我们的立场：基于儿童发展

"学生事大"源于附小建校之初首任校长的治学主张，是川大附小百年教育的源头，是川大附小教育集团的初心，是川大附小现代生活教育的基本立场，它回答了附小教育举什么旗的问题。

一、附小哲学命题"学生事大"

（一）学生事大是以学生的发展为大

此处的学生特指小学阶段的学生，即 6～12 岁的学龄儿童。学生既有主体性和明显发展特质，也是面向未来美好生活的"鲜活"的儿童。学生事大核心价值的实现需要学校文化、学校课程、校园环境、学校治理体系等共同完成。

（二）学生事大的表征

1. 形成尊重生命规律与个性的文化生态与精神气象

川大附小围绕"学生事大"的教育立场，尊重儿童身心发展规律，尊重儿童个性和个体差异，从学校的文化视角进行系统的设计、提炼、分别构建课程文化、教师团队文化、环境文化等，形成教育文化哲学认知体系和基本价值观，使儿童观和教育观在育人实效上共生。

2. 形成当下与未来的系统规划与理性实践

川大附小站在儿童的立场，思考当下与未来世界的变迁与发展，对儿童未来生存和生活方式进行规划。进入新时期，儿童和包括教师、家长在内的整个社会群体的观念和思想已经发生了重大变化。智能化、信息化、全球化、个性化等发展方向和趋势正在深刻地影响着儿童的成长。川大附小深入分析了新时代背景下城市学校的发展样态，结合新时期社会、家庭及儿童的时代特点，关注儿童的发展规律，最终进行实践。

3. 形成链接学生学习与生活的育人课程体系并实施

儿童是生活着的人，也是从事学习活动的学生。为了让儿童全面而有个性地成长，需要基于学校时空现实，对国家课程、地方课程和时代意识进行反思性与实证性重构，从而形成链接学习与生活的完整学校课程。川大附小从学校文化、育人目标、课程架构、实践经验、现代治理等各方面进行系统重构、优化和改造，最终形成支持学生"全面发展、兴趣扬长、个性成长"的课程体系，以适应新形势和新要求。

二、附小育人目标

立足于儿童真实的发展需求，致力于"从善、乐健、尚美、求真、学活、悦群"的教育价值追求，本着"健康成长、尝试成功、自信生活"的学习生活实践，川大附小根据不同年段的儿童特征，制定儿童在各阶段的发展目标。

1. 低段目标

具有基本的观察、倾听、识写、阅读与表达等能力，通过经历实际物体抽象过程，初步认识数、量、形，掌握简单的运算、测量、识图的知识与技能。对周围事物有好奇心，敢于发表意见，说自己能说的话。模仿他人学习或参与学校、家庭、社区（社会）实践活动，做自己能做的事。

2. 中段目标

具有阅读、表达、分类、运算等能力，初步建立语感、符号意识、空间观念等素养；了解、掌握一些与日常生活密切联系的科学知识和技能。对身边现象和事实有好奇心、求知欲，会尝试解决生活中的简单问题，说自己敢说的话。对研究感兴趣，主动学习、思维活跃。

3. 高段目标

通过接受、自主、合作、探究等学习方式，积累学习方法，感受交流过程，形成良好的思维方法。能根据目标较熟练地通过多渠道收集、处理信息，能运用探索分析的思维方法，解决生活和学习中的问题，能进行主题辩论。喜欢合作与探究，手脑灵活，善于独立思考，能根据事实调整自己的主张和意见，形成经验。

三、附小年段目标达成

（一）目标达成的路径——现代生活教育

生活教育是杜威先生提出的，陶行知先生在其基础上基于当时中国社会的需要，提出了生活教育思想的核心内涵：生活即教育（起源论）、社会即学校（场所论）、教学做合一（方法论）。

现代生活教育是对生活教育核心内涵的继承与创新。现代生活教育是基于生活世界变迁而进行的必要的学校教育变革。现代生活教育关注着生命，唤醒着儿童的生命意识，更新着儿童的生存和生活方式，使其作为生命体的个人能勇敢地面对生活、自我更新。

1. 现代生活教育关注儿童全面而有个性的成长

在社会转型与学校教育转型的背景下，现代生活教育关注儿童全面而有个性的成长，这是时代发展的需要，更是出于每个儿童生命深处的呼唤与需要。它追求一种健康向上、积极乐观的生命态度与精神状态，追求探究性的生命成长过程，追求自我寻求发展资源、积极实践、综合互动的复杂的思维方式，追求主动的生存和生活方式。

2. 现代生活教育基于儿童现实生活

现代生活教育的实践，是自觉建立在人的生存状态基础上的，是在真实的场景中关注人、研究人，通过实践改革提升人的生命质量。生活与教育相互包含，渗透着对方的因素或属性，二者是互相依存，互为条件。教育中渗透着生活的因素，为生活的发展指明方向。教育在本质上是一种对生命意义的积极引导，它要达到的最高目标必定是通过作用于人的整个生命进程而全面关注人的身心和谐和发展。

3. 通过研究性改革实践实现儿童全面而有个性的成长

现代生活教育体现为一种研究性的学校教育的改革实践。直面生活中的真实问题并发现问题，从而发现丰富的成长资源，并在这个过程中生成更多的教育资源。现代生活教育追求立人，这种立人是通过成事而实现。现代生活教育使人相信自己、相信他人、相信未来、相信实践。

（二）立足儿童未来所需的核心素养，形成科学的课程内容体系

1. 智慧生活课程

"求真"课程：立足语文、数学等基础学科，将学科向生活进行过渡，把学生习得的知识、技能等引向学科素养的育人路径。

"学活"课程：立足生活拓展，以"学科＋活动"为核心，将生活与语文、数学等基础学科相结合，实现融合运用。

2. 健康生活课程

"乐健"课程：结合儿童年龄段特点及体育、心理健康等学科年龄段要求，开发年龄段普修课程，促使儿童养成保持身心健康、积极锻炼的习惯。

"悦群"课程：以培养儿童悦纳自我和他人为核心，以"儿童与自我""儿童与社会"为主体的系列活动课程。

3. 精神生活课程

"从善"课程：以社会主义核心价值观为核心，以"儿童与祖国""儿童与天下"为主题的系列思政活动课程。

"尚美"课程：以艺术学科激发儿童的兴趣，促进学生更好地实现个性化发展。

（三）立足儿童的现实生活情境，形成课程实施方案

1. 实施原则与方式

1）"社会本位"和"个人本位"的价值定位

现代生活教育旨在将儿童培养成为具有良好素养和鲜明个性，并能创造和享受现代生活的新生代。现代生活教育在德智体美劳全面发展的基础上，更加关注儿童的好奇心、学习力和生活力。充分尊重并唤醒儿童的内在潜能，给予每个儿童充足的学习机会，实现认知与行为的一致，展现个人的精神面貌。

2）"体验"和"活动"的实施语境

现代生活教育是学校基于儿童持续发展和长远发展的目标，以"现代生活"实景和需要为内容，借助信息技术引领儿童在自主学习、探究性学习中进行生活化体验，以智能化评价为手段，将"生活教育"理念与时代发展、人民社会生活需求相匹配。因此，川大附小致力于让儿童在生活体验中学习，以激活全体学生强烈的学习兴趣；在实践探究中成长，走上能力培养的理性之路；在行动中养成责任意识，找到道德生命成长的密码。

2. 实施模型

1）学习活动模型

学习活动模型如图所示，包括：生活的真实任务（问题）—抽取学科问题—在生活实践中应用—学科生活素养跨学科综合实践—任务完成（问题解决）—实践精神和综合实践能力—解决生活的真实任务（问题）。

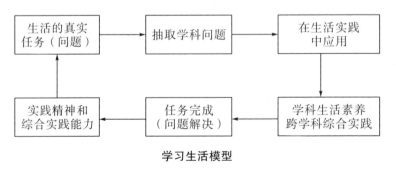

学习生活模型

2）体验活动模型

学习不是内容的获得与传递，而是通过经验的转换创造知识的过程。体验活动模型如图所示。

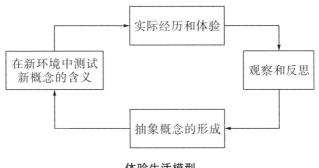

体验生活模型

3）综合实践活动模型

如图所示，综合实践活动是以学生的直接经验和兴趣为基础，采用研究性学习方式，完成与学习生活和社会生活密切相关的综合性、实践性问题的探究。

综合实践活动模型

四、附小儿童立场

"学生事大"是附小教育的源点和初心。学校从"学习"和"生活"两个维度，量、质、结构三个视角，在德智体美劳等方面实现儿童全面发展和个性成长。

"学生事大"彰显着学校教育对儿童的尊重，是学校对"怎样培养人"的回应，更是对现代社会发展需求的回应。

章三 我们的思想：现代生活教育

一、杜威的实用主义教育思想

杜威的实用主义教育思想从教育的本质出发，提出教育即生活、教育即生长、教育即经验的改造。教育即生活是指学校的课程设置应满足儿童兴趣和爱好，应和儿童生活相契合。教育即生长是指教育过程就是它自己的目的，其本质是儿童身心的充分发展和生长有助于社会目的的达成，儿童充分发展和生长是社会的基本要求。教育即经验的改造是指经验的过程就是实验的过程、运用智慧的过程和修正理性的过程，要求教育过程尊重儿童身心发展的条件和水平，顾及儿童兴趣，提高儿童参与教育过程的积极性与主动性。

川大附小"学生事大"的教育立场是基于现代生活儿童真实成长的教育，与杜威实用主义教育思想是一脉相承的。

二、源自平民教育思想的陶行知生活教育

陶行知先生从生活即教育、社会即学校、教学做合一的维度提出了全民化教育，陶行知生活教育是杜威教育思想中国化的成功案例，具体表现在：

生活教育是杜威先生提出的，陶行知先生基于当时中国社会的需要，在其基础上提出了生活教育思想的三大原理生活即教育（起源论）、社会即学校（场所论）、教学做合一（方法论），以及行知合一、

手脑并用、教学相长等教育主张。

三、基于生活教育的现代生活教育思想

川大附小人从"学生事大"的立场出发，践行理性与激情兼容的路径，共同构筑川大附小现代生活教育思想。我们坚守并发展了现代新生活教育思想：因生活而教育，在生活中教育，用生活来教育，为生活向上向好而教育。将"生活成就教育，教育创造生活"作为现代生活教育思想的核心价值诉求，坚守并优化我们的教育使命。以大学文化孕育小学教育个性，以大师思想培养小学教育品质，以校本研究建构儿童可持续发展的普适路径。让每个儿童健康成长，让每个儿童尝试成功，让每个儿童自信生活，让每个儿童成为个性鲜明并能创造和享受美好生活的新生代。

现代生活教育有一种基本精神，这种精神本质是对师生人格的润泽、激励和感召，这种精神在川大附小人坚守的"教育从儿童出发"的思想中孕育，在川大附小现代生活教育中静静地绽放。今天，这种精神已深刻地融入附小人的血脉和灵魂之中。"静美而不失活力、自信而不失谦逊、信念执着而不失海纳百川"正是附小人在现代生活教育实践中对这种精神的理解和认识。当我们对这种精神进行深刻的思考、内化和实践后，其就生长为川大附小教师的个性精神，这种个性精神的核心就是执着而勇于担当的精神气质。

川大附小理性与激情兼容的文化自觉，其本质是对学校内涵深度发展的目标定位。"理性与激情兼容的教育追求、大气与细节并重的教育实践、真实而真诚的生活态度"成为激励和引领师生发展的精神动力，也成为播种和传承精神的人文脉动。正是在这种精神的影响和感召下，川大附小集团形成了由知名校长、特级教师、中高级教师、市区学科带头人等名师引领的优秀教师团队，学校由弱变强，由小变大，由经验复制到文化自觉，突破大学围墙走向了更广阔的天地。

川大附小本着"教育应该为人的完整发展服务"的思想，提出了

"让每个儿童尝试成功，让每个儿童茁壮成长，让每个儿童准备成才"的教育思想和"培养具有良好素养、鲜明个性并能共同创造和享受美好生活的新生代小公民"的育人目标，努力在学校各学科的课堂教学中通过优化现代儿童的学习目标、开发生活中的学习资源、创设生活化的学习情境、转换学习中的师生角色、丰富现代儿童的课堂学习等方式持续探索生活化教学。

现代生活教育中的"现代"是指中国特色社会主义新时代与当今社会背景下的新时代。现代生活教育是对生活教育核心内涵的继承与创新。现代生活教育是基于生活世界变迁而进行的必要的学校教育变革。

四、现代生活教育思想的现代定位

2021年，在川大附小第五个五年发展规划《深化学校现代生活教育高品质发展　促进儿童全面个性真实高质量成长》中明确将"现代生活教育"作为川大附小的主流办学思想。并在川大附小集团第二个三年发展规划中提出"充分借鉴陶行知生活教育思想、杜威生活教育思想和王阳明心学思想，积极吸纳自然主义、人文主义和实证主义哲学思想，形成学校现代生活教育思想发展体系"。

（一）现代生活教育的主要内涵

1. 根本要义

为现代生活的向上向好而教育（学习）——目的论，生活的意义；

在生活中教育（学习）——方法论；

用生活来教育（学习）——内容论；

实现每个人在现代生活中情生智长胆壮——价值论，学习的价值。

2. 现代

从本义上讲是相对于古代、近代、当代和未来的一个时间概念；

从发展上看是与时俱进，当下与未来结合的不断变化发展的过程性概念；从价值选择上看是基于生活世界与意义世界不断契合的革新概念。

3. 生活

生活是生命的自觉活动。

4. 教育

教育是对生命活动规律和意义优化的持续进化、实践探索和体悟生长。

三大原理：生活即教育；社会即学校；做学教评合一。

三大主张：生活成就教育，教育创造生活；双程互动，教学相长；情智共生，行知并芳。

八大解放：解放儿童的头脑、双手、嘴、眼睛、感观、交往、时间和空间，还儿童以自由、自主和自信，从而解放儿童的生命力、创想力和生活力。八大解放是现代生活教育理论的教学原则。

（二）现代生活教育的外显

现代生活教育的实践与实证是在基础生存基本实现后，基于高品质生活，面向美好生活和创造美好世界的学习与生活融合过程。现代生活教育是一个"金三角"的结构，包括指向科学认知的智慧生活、指向身心健康的健康生活、指向人文情怀的精神生活三个支点。

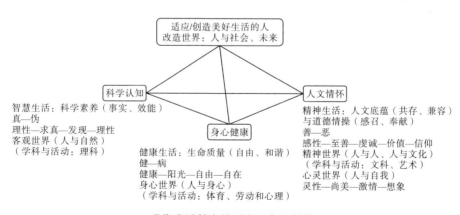

现代生活教育的"金三角"结构

现代生活教育承接五育并举的国家意志，坚持五育互育，基于

"满足人民对美好生活的愿望"，从三个生活维度指向学生的"完整人"的"完整生活"。健康生活、智慧生活和精神生活从培养一个美好生活创造者和享受者的视角出发，三者互为补充，缺一不可，稳定持续。

（三）现代生活教育的实践架构

从"学生发展"和"社会需要"两个维度出发，基于我校儿童身心特点、成长规律和个体特性构建我校学生成长系统。生活是教育的源点、依存和归宿，生活是教育的大课堂，教育是促进生活向上向好的关键和动力，生活成就教育，教育创造生活。

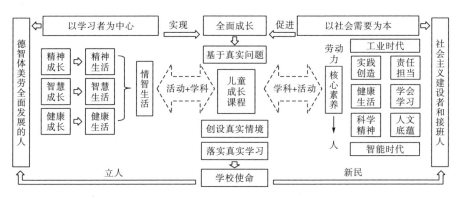

现代生活教育的实践框架

川大附小通过课程落实五育，促进儿童全面而有个性地真实成长，立德树人。附小教育的课程规划与实施，必须基于儿童全面而有个性真实成长的前提，对国家课程、地方课程和时代意识进行反思性与实证性系统重构，从而形成完整的学校课程体系。

五、现代生活教育的价值追求

现代生活教育追求一种健康向上、积极达观、向上向好的生活态度和精神状态，追求一种坚实的探究性的生命成长过程和生命健全意识，追求一种自主发展、主动创造的思维方式和生活方式。现代生活教育尊重生命，关注生活，促进生长。

"现代生活教育"思想达成"学生事大"的文化诉求，滋养和丰富"海纳百川、行知并芳"的附小精神风度。现代生活教育有三大指向。

1. 儿童——好奇心、好知欲、好习惯

儿童学习和认识世界的主要方法（内在性成长需要）：

（1）儿童是从自己的变化来感受世界的。

——每一个儿童眼中的世界是不一样的；

——每一个儿童的发展路径也是独特的。

（2）儿童的学习是从外在感官的感受经历到内存的心灵路程的

——体验不能代替，成长需要亲历；

——悟到的是自己的，创造的才是世界的。

（3）儿童的学习是从综合实践走向分科体验而后再走向融合认识世界的

——育人是根本，教书是手段；

——分科是路径，融合是目的。

（4）儿童的学习是以情趣性学习为主的（不是以目标性学习为主）。

——兴趣是天性的老师，情趣是最好的老师。

（5）儿童的发展呈阶梯性但不均衡的。

——低段儿童在模仿和夸奖中学习，所以要寓教于乐；

——中段儿童在思考和欣赏中学习，所以要寓教于思；

——高段儿童在独立和思辨中学习，所以要寓教于志。

儿童学习和认识世界的七种方法（架起生活世界与儿童成长的彩虹桥）：

（1）儿童是在具体情境中生活——情境学习（教育）；

（2）儿童是在玩耍和自由的选择中学习——游戏学习（教育）；

（3）儿童是在积极的情感互动中认知——情趣学习（教育）；

（4）儿童是在不知不觉地模仿中学习——暗示学习（教育）；

（5）儿童是在好奇与梦想中成长出理想——探究式学习（教育）；

（6）儿童是在同伴群体交往与互助中生活——合作学习（教育）；

（7）儿童是在手脑并用的现实中生活——做学教评合一。

2. 现代生活——丰富性、完整性、情趣性

现代生活需要什么（社会生活需要）？

因为现代生活需要向上和向好，所以儿童就要学会坚强乐观、挑战自我、追求美好的精神品质；

因为现代生活需要互助和认同，所以儿童就要学会包容、合作、悦群和尊重的品德；

因为现代生活需要不断更新的能力和素养，所以儿童就需要乐于学习、善于学习、终身学习；

因为现代生活需要面对具体现实和真实世界，所以儿童就要学会体验、实践和应变，并运用智慧独立或合作应对学习之外世界；

因为生活需要浪漫与诗意，所以儿童就需要丰富多彩和细腻多姿的情感世界。

3. 精神——自由丰盈、阳光强健、崇高远大

以"愿景展望、使命导航、文化办学、思想立校、精神铸魂、风气成道"等共同构成附小教育的大格局精神体系。

章四　我们的主张：现代生活·情智数学

第一节　小学数学课程核心素养解读

核心素养是在数学学习的过程中不断发展形成的，具有整体性、一致性和发展性。《义务教育教学课程标准（2022 年版）》把学生的核心素养概括为"三会"，即"会用数学的眼光观察现实世界""会用数学的思想思考现实世界""会用数学的语言表达世界"。核心素养在小学阶段侧重于意识培养，主要基于对经验的感悟。核心素养主要表现为数感、量感、符号意识、运算能力、几何直观、空间观念、推理意识、数据意识、模型意识、应用意识和创新意识这 11 个关键词。

核心素养不是指具体的内容本身，而是指内容本身所反映出来的基本思想、思维方法，也是学生在数学学习中应该具备的感悟、观念、意识、能力等。核心素养反映了课程内容的核心，是学生数学学习的目标，也是数学教学中的关键。

一、数感

数感主要是指对数与数量、数量关系及运算结果的直观感悟。其主要体现为：能够在真实情境中理解数的意义，能用数表示物体的个数或事物的顺序；能在简单的真实情境中进行合理估算，作出合理判断；能初步体会并表达事物蕴含的简单数量规律。数感是形成抽象能力的经验基础。

建立数感有助于理解数的意义和数量关系，初步感受数学表达的简洁与精确，增强好奇心，培养学习数学的兴趣。

数感是一种主动、自觉或自动化地理解数和运用数的态度与意识，即能用数学的视角去观察现实，能以数学的思维研究现实，能用数学的方法解决实际问题。它使人将数与现实情境联系起来，令人眼中看到的世界有了量化的价值。

数感主要表现在：

（1）理解数的意义；

（2）能用多种方法来表示数；

（3）能在具体的情境中把握数的相对大小关系；

（4）能用数来表达和交流信息；

（5）能为解决问题而选择适当的算法；

（6）能估计运算的结果；

（7）能对结果的合理性作出解释。

二、量感

量感主要是指对事物的可测量属性及大小关系的直观感知。其主要体现为：知道度量的意义，能够理解统一度量单位的必要性；会针对真实情境选择合适的度量单位进行度量，会在同一度量方法下进行不同单位的换算；初步感知度量工具和方法引起的误差，能合理得到或估计度量的结果。

建立量感有助于养成用定量的方法认识和解决问题的习惯，是形成抽象能力和应用意识的经验基础。可从以下三个方面发展学生的量感：

（1）在理解度量意义中发展量感；

（2）在实践操作中发展量感；

（3）在估测活动中发展量感。

三、符号意识

符号意识主要是指能够感悟符号的数学功能。其主要体现为：知道符号表达的现实意义；能够初步运用符号表示数量、关系和一般规律；知道用符号表达的运算规律和推理结论具有一般性；初步体会符号的使用是数学表达和数学思考的重要形式。符号意识是形成抽象能力和推理能力的经验基础。

四、运算能力

运算能力主要是指根据法则和运算律进行正确运算的能力。其主要体现为：能够明晰运算的对象和意义，理解算法与算理之间的关系；能够理解运算的问题，选择合理简洁的运算策略解决问题；能够通过运算促进数学推理能力的发展。运算能力有助于形成规范化思维，培养一丝不苟、严谨求实的科学态度。

运算能力的基本特征是正确、有据、合理、简洁。正确是运算的基本要求。有据是正确运算的前提。合理是运算得以进行的条件；简洁是运算的质量刻画。运算不等同于计算，它需要正确理解相关知识，辨识分清运算条件，合理选择运算方法，有效设计运算步骤，还要使运算符合算律、算理，最终尽可能简洁地获得运算结果。它是"算"与"思"的结合、操作与思辨的融合。运算能力的培养是一个长期的任务，它需要经历一个从简单到复杂、从具体到抽象、从单一到综合的反复训练、循环上升的活动过程。

五、几何直观

几何直观主要是指运用图表描述和分析问题的意识与习惯。其主要体现为：能够感知各种几何图形及其组成元素，依据图形的特征进行分类；能根据语言描述画出相应的图形，分析图形的性质；初步感知形与数的联系；能利用图表分析实际情境与数学问题，探索解决问题的思路。几何直观有助于把握问题的本质，明晰思维的路径，还可以把复杂的数学问题变得简明、形象，有助于探索解决问题的思路，预测结果。

六、空间观念

空间观念主要是指对空间物体或图形的形状、大小及位置关系的认识。其主要体现为：能够根据物体特征抽象出几何图形，根据几何图形想象出所描述的实际物体；想象并表达物体的空间方位和相互之间的位置关系；能够感知并描述图形的运动和变化规律。空间观念有助于理解现实生活中空间物体的形态与结构，是形成空间想象力的经验基础。

七、推理意识

推理意识主要是指对逻辑推理过程及其意义的初步感悟。其主要体现为：可以从一些事实和命题出发，依据规则推出其他命题或结论；能够通过简单的归纳或类比，猜想或发现一些初步的结论；通过法则运用，体验数学从一般到特殊的论证过程；对自己及他人的问题解决过程给出合理解释。推理意识有助于养成有条理的思维习惯，增强交流能力，是形成推理能力的基础。

八、数据意识

数据意识主要是指对数据的意义和随机性的感悟。其主要体现为：知道在现实生活中，有许多问题应当先做调查研究，收集数据，从而感悟数据蕴含的信息；知道同样的事情每次收集到的数据可能不同，而只要有足够的数据就可能从中发现规律。形成数据意识有助于理解生活中的随机现象，初步具有用数据说话的意识。

九、模型意识

　　模型意识主要是指对数学模型普适性的初步感悟。其主要体现为：知道数学模型可以解决一类问题，是数学应用的基本途径；能够认识到现实生活中大多问题都与数学有关，能有意识地用数学的概念与方法予以解释。

　　模型意识有助于开展跨学科主题学习，增强对数学的应用意识，是形成模型观念的经验基础。小学阶段有两个典型的模型："速度×时间＝路程""单价×数量＝总价"。有了这些模型，就可以建立等量关系，夫阐述现实世界中的"故事"，从而帮助我们解决问题。

十、应用意识

　　应用意识是指综合运用已有的知识和经验，经过自主探索和合作交流，解决与生活有密切联系的、具有一定挑战性和综合性的问题。

　　应用意识有两个方面的含义：一方面，有意识利用数学的概念、原理和方法解释现实世界中的现象，解决现实世界中的问题；另　方面，认识到现实生活中蕴涵着大量与数量和图形有关的问题，这些问题可以抽象为数学问题，能用数学的方法予以解决。应用意识主要表现为：能够认识到现实生活中蕴含着大量的数学信息，数学在现实世界中有着广泛的应用；面对实际问题时，能主动尝试从数学的角度运用所学知识和方法寻求解决问题的策略；面对新的数学知识时，能主动地寻找其实际背景，并探索其应用价值。

十一、创新意识

　　培养创新意识是现代数学教育的基本任务，体现在数学教与学的过程之中。学生自己发现和提出问题是创新的基础；学生进行独立思考，学会思考是创新的核心；通过归纳、概括得到猜想和规律，并加以验证，是创新的重要方法。

在现有的数学教学中培养学生的创新意识，要改变教与学的方式。例如，可以将一些数学内容的教学，由教师传授变为学生探索，鼓励学生猜想、验证、实验、发现、质疑、探索、合作、交流。学生可在教师的引导和组织下发现新知识、建构新认识，从而培养创新意识。在创新意识的培养过程中也要注重对学生的评价，全面了解学生数学学习的过程和结果，从而激励学生学习，改进教师教学。

第二节　附小"现代生活课程体系"

课程是教学的关键载体，也是文化的生活体验形态，还是生命成长与完善的共同体。

生活是教育的源点、依存和归宿，生活是教育的大课堂，教育是促进生活向上向好的关键和动力。

川大附小自 1999 年开始致力于生活教育研究与实践，至今已走过 20 余年，其课程体系也经历了 1.0 版到 3.0 版变化。通过对儿童生活习惯的尊重和理解，通过对国家、地方、校本课程的现代生活化改良，川大附小已形成了"天地间立人·生活中新民"的现代生活教育课程体系。该体系以"德智体美劳"为五大支柱，分为核心课程和辅助课程两大类，通过"心理健康与心意情智发展"和"信息思维与综合实践生活创造"两个维度相辅相成。

一、附小课程（2013 年——1.0 版）

2013 年，川大附小在尊重和利用儿童在学科性生活、综合性生活、实践性生活中获得的学科素养、综合素养、实践素养的基础上，根据学生的认知规律和情趣特征，对国家、地方、校本三大课程进行了动态调整，形成了适应儿童生长需要的高位融合的五大"学校课程"体系。

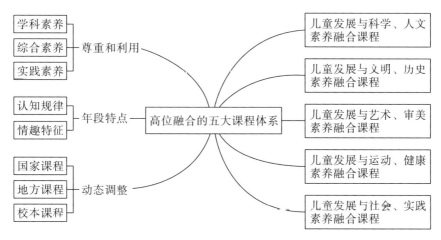

川大附小高位融合的五大课程体系

二、附小"儿童成长课程"基本结构（2018年——2.0版）

2018年，川大附小在五大课程体系基础上，形成了附小"儿童成长课程"基本结构。

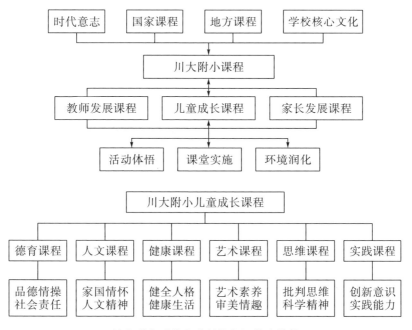

川大附小"儿童成长课程"基本结构

三、"现代生活教育"学校课程（2020 年—3.0 版）

2020 年，川大附小在"儿童成长课程"基本结构基本上，形成"现代生活教育"学校课程体系。

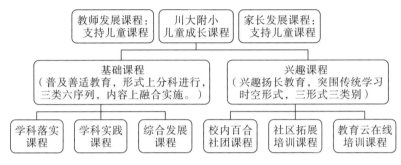

川大附小"现代生活教育"学校课程

第三节　附小"现代生活·情智数学"教学主张及解读

如图所示为"现代生活·情智数学"的教学主张，具体解读可分为两部分。

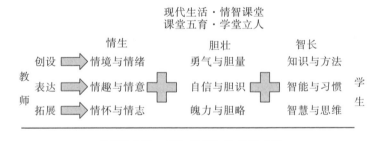

"现代生活·情智数学"的教学主张

一、情生智长

（1）教师创设具有儿童感、生活味的情境，调动学生学习的情绪，激发学生学习的兴趣。

（2）教师在教学活动中展现出情怀、表达出情意，让学生充分表达出自己所思、所学、所疑、所惑。

（3）教师在教学活动中展现出对学生的关爱之情。

二、智长情深

（1）教师注重链接新旧知识，链接知识与生活，以知识为载体，在传授知识的同时更要注重学生学习方法的习得，以及学生好习惯的养成。

（2）教师充分搭建学生自主探究的时间空间平台，点燃学生的智慧与激情，让学生体会到成功的喜悦。

听课记录

第　周　　　星期　　　　　年　月　日

年级班次	教师姓名	科目	学习内容			
	要素维度	儿童感	生活味	思维度	创造性	
美好生活 情智胆融 真实成长	情生					
	智长					
	胆壮					
	志融					
情智课堂教与学过程				"情智胆融"评价		
板书设计						

（3）学生在学好知识的同时，能够在老师的影响下，做一名向上、向好的少年。

"现代生活·情智数学"的评价可采用下表进行。相关指标和描述详见评价表，具体实操可采用"听课记录"表进行。

维度		指标	指标描述
学与教目标		情生智长胆壮志融	遵循学科课程标准，把握学科核心素养、紧扣年段目标和单元目标，课时目标准确、清晰，学与教重难点突出 教与学设计紧扣教学目标和教学重难点，有生活味、情趣味、思维度 学与教的过程关注儿童心理与智能特征，润情、启智、亮胆和融志
教学过程	课堂氛围	有情趣有智慧	课堂活跃度：教师进状态、学生好状态、资源有生态 师生和谐度：课堂有序、流程有节、组织有品 学习探究度：真实场景、有主有度、真实体验
	教师行为	以学为本情智胆长真实成长	创设情境： ——创设现代生活情境，调动儿童学习情绪、激活儿童学习兴趣与好奇心 创建平台： ——创建多维探究平台，遵循儿童学习规律，凸显儿童学习主体 链接课堂： ——链接新旧知识联系，找准儿童学习起点，优化儿童学识 ——链接内外学习生活，拓展儿童学习视野，提高儿童见识 指向素养： ——聚焦学科核心素养、建立学科认知体系，落实真实成长 ——关注核心素养达成、发展儿童思维品质，培养儿童创新能力
	学生行为	真实成长情智胆融	融情入境，养成好习惯，拓展生活力 ——全身心投入课堂学习，积极参与、主动互动，在学习生活中养成更好习惯 好学善思，培育好知欲、拓展创想力 ——好于吸纳，具有学习意识，好于吸收纳取，对学习对象具有敏感性 ——勇于质疑，具有问题意识，勇于思考思辨，对学习对象具有反思性 ——善于表达，具有主体意识，善于提炼表达，对学习对象具有判断力 真实成长，激发好奇心、拓展生命力 ——自主探究，对生活与知识始终保持好奇心，并愿在自信中深研 ——合作探究，对他人与世界始终保持好奇心，并愿在合作中深研
	教学媒介	好用高效	合理使用媒体，拓展学习时空，聚合并优化学习资源、体现思维现代化、过程现代化、学习智能化

情智数学
·现代生活教育实践·

行

章一　团队生态：
基于情智共建的数学团队发展

第一节　筑　基

一、探索新途径

从 1999 年正式启动第八次基础教育课程改革到 2004 年，在轰轰烈烈的课改影响下，附小的数学老师们由积极参与逐渐转向深度反思：课改应如何真正实现学生数学素养的提升？为此，附小人开始探索新的途径，寻找切实有效的方法。由此我们制定了附小数学教育的追求目标——学有趣的数学，学与生活有关的数学，学动手做的数学，学孩子能听懂的数学。

在此教育追求下，我们首先以教研组为单位开展了主题式校本研训，将学习、教学和研究融为一体。校本研训是一个学习的过程，更是一个研究的过程。在每一次的研究过程中，我们用文字、图片或视频将过程记录下来，通过分析、综合、实践把隐性的知识、经验显性化。这不仅有效提升了课堂教学的实效，丰富了课堂教学的气氛，促进了学生个性的全面发展，更让教师在课堂比较研究的过程中能够发现自身的优势，学会将数学与生活密切联系，创设积极的情境，给予学生充足的探究空间，从而培养学生的探索创新精神和解决实际问题的能力。

二、TT 队——教师成长的摇篮

2006 年，在生活教育的探索与追求中，我们认识到学生在课堂上的认知速度和质量与教师的学识、教学艺术、人格魅力密切相关。优秀的教师能够驾驭复杂的形势，通过隐性气质和显性示范在教学活动中产生教育影响力；教学的设计与生成能随情境设置。附小需要一批拥有渊博知识和高超专业水平，充满活力与激情，葆有对学生关爱之心的专业教师团队。为此，学校通过各种渠道为数学教师创造条件，为各时期的教师分类建模，量身制订个人成长方案，充分调动教师积极性，提高教师的教学综合水平。

通过自愿申请和学校提名这两种选拔方式组建数学 TT 队（Teachers' Team），并聘请最优秀的教师带领 TT 队。这种方式旨在培养骨干教师，用科学的态度、科学的方法研究数学教学，使一部分教师率先成长起来进而带动整个数学教师群体进步。一个人可以走得很快，而一群人可以走得很远。事实证明，这一批教师不仅成了附小的领军人物，更成为四川省内具有巨大影响力的数学教学领军人物。

基于以上思考，TT 队设立了以下考核评价要求：①研究式学习。组织并参与深度研究，做好发展期教师的表率。能够带领团队进行课程研究，承担科研课题的主研工作，有研究成果。②培训式学习。参加各级各类的培训活动，主动争取锻炼机会，善于吸纳优点，取长补短。整合各种资源，提高教育教学效率。③岗位实践。围绕课程标准，吃透教材，把握学情，开展有个性特色的教学活动，能敏锐地调控课堂，以灵动的教学设计呈现富有生命活力的课堂。④学术引领与培训作用。具有较强的团队意识，承担发展期教师的培训和指导任务，为团队发展献计献策，积极发挥引领作用，主动分享自己的经验。

为了进一步规范数学 TT 队活动制度，学校还专门设立了活动章程。章程的设立保证了活动的有序开展。章程包括了以下 6 点。

（1）吸纳队员：教师自主自愿向学校递交书面申请，学校领导结合 TT 队发展的需要，考核筛选后吸纳成员。

（2）撰写计划：每学期由 TT 队队长撰写计划。

（3）活动时间：每周四上午半天。

（4）活动地点：学校多功能厅。

（5）活动安排：TT 队成员两节例课和专家评课。（集团学校数学教师均可以自主参与学习）

（6）反思与收获：授课后由授课教师撰写反思，并进行期末总结。

TT 队教师在课堂教学的观念、技能和实操经验上得到了较大的提升，在数学教学策略、学科教学管理、大局观念、学术研究视角与水平上得到了发展。他们善于吸纳前沿资讯，结合学校现实的需求，依托四川大学的资源，实现了学校五育并举的新时代育人目标。TT 队的体验是深刻而快乐的，成长也是显著的：第一批历经 TT 队研修班的核心成员都成长为了川大附小集团的精兵强将，有的成长为四川省数学特级教师，有的成长为市、区级学科带头人和青年骨干教师……他们都成为各校区的领军人物，在区内外辐射川大附小的数学教育影响力。

第二节　启　航

对于川大附小这所百年名校而言，品牌建设是学校获得突破性发展的生长点，是学校获得独特竞争力的重要表现，对促进学校的制度机制的运行与改进，促进学生、教师的发展至关重要。

学校品牌建设的关键是教师队伍的建设。要重视教师的现代教育理论学习，以奉献精神、师德规范、人文素养、业务培训为内容，多形式、多渠道地对教师进行教育和熏陶，提升教师的师德素养和人文修养，提升其专业水平。附小教师团队一直以来都实行师徒结对，安排学校经验丰富的老师指导帮助新进年轻教师提升专业水平，给新进教师们树立榜样，从而打造了市、区、校多级阶梯化名师队伍。

学校通过建立骨干教师群体，带动全校教师提高教育教学能力。学校成立了骨干教师培育工程工作领导小组，制定并落实骨干教师培养和评比方案，让骨干教师迅速成长。通过评选和奖励，鼓励教师冒尖，优秀教师脱颖而出。然后，从优秀教师中筛选有潜力的人物，帮助其策划、设计，促使其形成有特色的教育教学理论和教育教学模式，督促协助其在实践中不断改进、丰富，待其基本成熟后在校内推广。同时，积极推荐教师参加市、区学科带头人和名师工程的评选，争取拥有更多市、区学科带头人和名师。通过树立品牌人物，学校步入利用特色教师造就特色学校的良性循环轨道，最终实现校以师名。

在市教育局和川大附小的支持下，我校沈勇老师带领团队成立了成都市名师工作室，覆盖省内外共12所学校，其中省外6所，省内市外4所，市内2所，共100余名成员，致力于"适合儿童真实成长的数学课堂"的研究。之后，潘海燕老师成立了武侯区名师工作室。工作室为引领组建教师专业发展共同体，搭建了教师发展平台，打造了一支师德高尚、业务精湛、以身为范、充满活力、具有家国情怀的高素质专业化教师队伍。工作室扎实开展学科专业建设和教育教学研究，以促进教师专业发展和课程改革，以名师为核心的高素质骨干教师团队正在形成，稳步推动教育质量的提升。

此后，各名师工作室密集组织开展教学研讨会，优化课堂结构、打造高效课堂。例如承办学科优质课评选，组建磨课团队打造市级精品课；划分东、西、中三个片区，开展联片教研活动；在教学活动中担任课堂指导专家，优化常态课质量；开展以名师工作室成员为主的"情智课堂"教学，鼓励自主创新开展学科特色活动。

名师工作室，吸引了校内外更多想干事、能干事的骨干教师。迎接市优质课、教坛新秀、学科带头人等评选，让教师在"以评促学"的学习氛围中互相激励和成长。同时，建设名师工作室网站，利用网络平台传播教育理念，共享优秀资源。借鉴兄弟学校的典型做法，优化常态课，打造精品课堂。

第三节　超　越

2021 年，是厚积薄发的一年，是从教育坚守到变革创新的一年，也是附小数学从优质学科走向一流学科的一年。

秉承附小教师静美而不失活力、自信而不失谦逊、坚定而不失海纳百川的精神，附小数学团队体现了鲜明的群体特征：求真从善、务实创新、向上向好。学校通过强化市区名师工作室的首席示范、优化教研组建设、关注项目推进、狠抓青年教师培养、聚焦核心素养、整体把握知识体系等一系列举措，以"数学一流学科建设"为突破，高质量推进教师队伍发展。

在这个过程中有两个创新点：

（1）强烈的发展意识使组织不断发展壮大。我们基于数学学科建设已有的发展基础和成果，形成了清晰的学科主张——"现代生活、情智数学"。

（2）文化与精神培育铸就了一个团队的"精、气、神、韵、品"，为学校"双一流"发展奠定了基础。

如何实现超越？教育是一条漫长的求解之路。

通过文化引领，强化精神培育。从责任与使命到教师精神气象，再到附小精神，不断地提升附小教师的精神感召力和团队向心力；榜样示范，支持团队共进；关注项目推进，注重青年教师培养：从教学专题比赛研究和集体备课范式推广，到大单元同视域下系列案例撰写，不断打破教研组固定模式，构建进化型组织，实现教师共同发展。着眼数学核心素养，整体把握知识体系。形成小学阶段数学知识方法体系相关读本，以及"低段数学学习手册""中段典型活动""高段复习资源""思维导图的运用"等数学校本资源。

截至 2023 年，数学组的名师优师比例已达到 50%，数学团队的发展呈现出"橄榄型"。多名教师参加国家、省、市、区级比赛获得一等奖，数学团队获武侯区教科院"团队贡献奖"。数学组老师参与课题研究 17 人，占数学组老师的 65％，研究的课题获得了多项奖项。相关研究文章已发表在《小学数学教师》《教育科学论坛》《新世纪小学数学》《小学数学教育》等期刊上。在附小"可观察的综合素养、可量化的学习质量、可持续的学习动力"理念的引领下，学生在数学兴趣、素养和可量化质量中都呈现出了整体向上向好的态势。在区级教学质量监测中，附小的数学学科质量居于第一方阵，并呈现出稳中有进的上升趋势。

数学学科和教师团队的发展经验在附小和集团中形成了明显优势。2021 年 3 月，我校一流学科建设经验在全区教育教学大会上得到好评。征途漫漫，唯有奋斗能致远；躬耕路上，愿以初心付此行。

章二 教育常规：基于教师真实工作下的教学常规

经过多年教育实践，川大附小总结形成学生学习行为指南，指出附小的课堂主张是"现代生活·情智课堂"。这个主张是基于坚持五育并举、全面发展的育人目标，遵循学生的思维发展水平、认知特点和数学教育规律，将数学课程标准提出的课程基本理念体现在教学设计、教学实施、教学评价、教学研究等具体的数学教学实践中；基于数学学科育人目标，培育数学核心素养，着力培养学生的数学认知能力、形象思维、抽象思维、推理能力、创新意识、实践能力以及发现与提出问题、分析和解决问题的能力；保护学生的好奇心、想象力、求知欲，激发学习兴趣，提高学习能力，促进学生情感、态度、价值观获得良好发展。

基于教师真实的工作状态，附小数学教育人一手抓教学"常规"，一手深研"备课"，提升课堂质量，构建适合儿童真实成长的课堂。从起始年级抓起，落实数学学习习惯养成，细化课堂常规，保障课堂质量。

一、基于真实状态中的"教与学"，"两问一做"教学"新常规"

（一）计划与总结

1. 附小解读

（1）总结与计划是相辅相成的，要以计划为依据，计划的制订总是在总结经验的基础上进行的。其间有一条规律，即计划——→实践——→总结——→再计划——→再实践——→再总结。明确方向，充分讨论，让教学计划成为教研组教师的共同愿景。

（2）计划的落实和效益将作为考核基层组织和教师的重要指标。

2. 现实问题

（1）可有可无，纯属迎检。

（2）不具体，导致每期前松后紧。

3. 附小针对性规范与要求

（1）教学计划分"工作计划"（教研组、个人）、"复习计划（年段教研组）"。语数外复习计划重在对知识点的梳理与进度的安排，综合学科复习计划应重在测查方案，均应与课堂变革、整体育人相整合，注重实效。

（2）教学计划在开学同教案一起，复习计划在第十六周发教导处邮箱；总结根据当期实际情况通知。

（3）《共同体手册》愿景一栏填（贴）教研组课程计划，含教研组行事历、组内分工。

（4）以区标等为基本要求，根据学校不同发展阶段的需要提出具体要求。填写《川大附小学生成长课程实施方案》。总结与教育工作相融合，在期末年级组述职后上交。

（5）教学工作总结须与教育工作相融合，并在每学期期末年级述职后上交学校。

（二）认真备课

1. 附小解读

研究课标、研究教材、研究学生、研究自己，是认真备课的基础。没有认真撰写的教案，很难说有认真的备课。在动笔写教案之前先想一想：除了知识点以外，备好训练点和学生活动了吗？集体备课绝不等于一人操刀、集体受益，要对重点、难点和关键课进行集体研究攻关，在此基础上根据学生情况、教师自身情况备出个性化教案。高水平的备课需要有先进的教育理念支撑，把教案备成师生共同成长的方案。

2．现实问题

（1）教案无用：进教室没带教案、集中检查后不领回。

（2）备课量大：没形成资源，无法传递；没有真正集体备课。

（3）形式不规范：无法面对变革后的督导评估。

（4）传统"砖混式"备课直接阻碍课堂变革。

（5）教材改版，造成案不对课。

3．附小针对性规范与要求

集体备课与个人备课相结合。

（1）统一理解、统一模板。放假前组长进行备课分工。

（2）开学报到前组稿成一本，人手一份（封面、计划部分内容不同，其余相同，教研组长集齐发教导主任，打印后，检查后下发）。

（3）主备人主持集体备课。

（4）个体修改。（二次备课；调整课件；设计作业、设计板书。）

（5）教研组长每节课后修改电子文稿、同步课件，期末发教导处邮箱。

（6）学校每期开学第一周查初备，第十七周查二次备课，平时学科分管、蹲点行政、教研员听随堂课后随机抽查。

（7）因学科特点需有另外补充的备课形式自定，学校只检查统一教案集。

（8）退休前三年教师参与备课、有集体备课集即可，免检。

（9）评职晋级教师需手写者，到教导处领取同模板纸质备课本。

（三）认真上课

1．附小解读

早到半分钟，做好课前准备；少讲一刻钟，挤掉课堂水分；不拖一分钟，为了学生健康；不讲就会的免讲，一讲就会的少讲，怎么讲也不会的不讲，总之，不要多讲；上课就是鼓励学生敢讲，教得学生会做，纠正学生做中之错，而不是代替学生去做；教师有教师的尊严，学生有学生的尊严；纠缠于学生知识上的某个差错，就是不顾学生的尊严；一人生"病"，全班"吃药"，便是不顾几十个人的尊严；极少有人不喜欢上体育课，因为体育老师从来不会喋喋不休地一讲到底，因为体育老师在学生做错某个动作时会教他自我纠正，而这两点常常是文化课老师做不到的；满堂讲是不文明、无效益、不负责任的教学；能把课堂中的偶发事故演化作妙趣横生的教育故事，便是教育智慧；课堂是面镜子，教师的敷衍塞责，映出的是学生的敷衍塞责；课前反刍，提前候课，激情投入，关注现场，适时调整，形成师生互动、现场生成的常态课堂。

2. 现实问题

（1）观念意识陈旧。

（2）现代媒体使用不合理，课堂缺乏吸引力。

（3）教案与呈现不一致。

3. 附小针对性规范与要求

（1）提前做好准备。（教具、学具等；电教设备的启动；黑板讲台的清理；课代表不能完成的教师亲自准备）

（2）课前清点人数。

（3）教学的重点是教学生如何学，而不仅仅教知识。

（4）向"四人——吸引人、激发人、生长人、走出人"好课标准看齐，努力让课堂充满吸引力，室内课建议不使用"小蜜蜂"等扩音设备。

（5）及时写下点滴心得。以点切入，展示细节，梳理每课的点滴记录及调整思考，做好课后（单元）反思，体现深度和实效，让反思和追击调整成为一种习惯。

（四）认真设计、布置和批改作业

1. 附小解读

因为学生有差异是客观事实，所以需以尊重事实为前提进行分层作业；过犹不及，布置过量的作业不仅影响本学科的学习，而且影响学生的整体发展；作业处理应该做到"发必收，收必批，批必评，错必纠，纠必正"；面批不仅是面批作业，更是面批心；教育是"心育"，有可能的话多一点面批吧！狠抓习惯，各学科教研组加强作业设计研讨，关注兴趣激发、习惯培养、思维和能力的同时发展，精心设计内容和形式，组内在相对统一的基础上呈现各班个性，体现教师的智慧。

2. 现实问题

（1）作业布置以页为单位而不是针对学生布置。

（2）作业量大（书面与非书面），期末特别突出。

（3）批改不规范。

3. 附小针对性规范与要求

（1）作业布置。

精选、针对性布置作业。低段原则上不布置书面作业，其余形式作业总量不超过每天40分钟；中高段每天书面作业总量控制在1小时以内。其余形式作业要适当。班主任应对本班学生作业总量进行监控与协调。教师应通过学生（家长）记录作业时间等方式随时掌握作业量是否合适。

（2）作业批改。

教研组应在教导处指导下统一各类作业的处理方式，同时应与家长沟通。每学期由教导处与基层教师共同确定各年级各科教师批改的作业内容。分层、选择性作业可根据实际情况灵活选择批改方式，但不能转移给学生、家长，且要利用家长会等平台与全体家长进行沟通，达成统一意见。作业批改，除了对错之外，一句激励、启迪的话也很重要。要求学生书写规范，请教师首先做到符号规范、字体端正。

（五）认真组织复习与测评

1. 附小解读

（1）从简单的知识回顾、查缺补漏走向综合能力的形成与学习规律的感悟。

（2）考考考，教师的法宝。法宝不用，不成其宝；法宝滥用，必废此宝。

（3）分分分，学生的命根。没有信度、效度、区分度的分，无疑是送学生的"命"。

（4）测评中个别学生出现的问题需要个别解决——此"个别"是指学生；整体出现的问题也需要个别解决——此"个别"是指教师自身。测查及时、批改及时、分析及时、补漏及时，双基过手，文本善存。

2．现实问题

（1）"炒剩饭"。

（2）题海战术。

（3）单元检测质量分析要么不实用，要么不做。

（4）平时测评记录不规范。

3．附小针对性规范与要求

（1）单元测评由任课教师随堂进行，做好成绩记录，以分析学生学习状态，试卷分析可做在教师用卷上（阅卷时作好各题错误人数统计、根据阅卷情况列出主要问题、原因分析、改进措施）。

（2）期末测评按要求进行各项数据统计，完成电子版质量分析。

（3）综合学科期末复习计划中要有详细测评方案。

（4）严禁以各类测评结果对学生进行排名。

（5）鼓励创新：积分换奖、"小先生制"。

（六）认真辅导学生课内外学习和活动

1．附小解读

即使是在校学习期间，学生的课外学习时间也和课内学习时间基本相同，不关注课外学习的教学是难以成功的。学习只是学生生活的一部分，教学始终要关注自己的课堂，课外的学习最好要让学生自己去学会合理安排好。从时间上讲，"课外"等于"课前"加上"课后"，从空间上看，"课外"等于"校内"加"校外"。所谓活动，只有"动"才能有"活"力。生命在于运动，关键在于动什么，怎样动。学科的活动是激发学生学习兴趣的有效手段。

2．现实问题

（1）计划性、针对性不强。

（2）实践活动、经典活动开展形式单一、无趣。

3．附小针对性规范与要求

（1）辅导学生应从平时每一节课做起，忌期末集中辅导。

（2）在课外辅导，重辅方法，轻辅题目，导心理比导知识重要。提倡学生利用课外时间去做好预复习、学科实践活动。

（3）作好学困生的辅导、成长记录。

（七）认真参加教学研究和业务进修

1．附小解读

（1）光有研究还不够，品位是个人内在的东西，正所谓"腹有诗书气自华"。品质是教师群体的整体实力，品牌是内在品质的外在体现。好的学校应该是教师个人有品位，教师群体有品质，学校形象有品牌。

（2）除了实践之外，教育理论学习十分必要。

（3）多一点教学反思，便能少一点教学反复。

2．现实问题

（1）常态集体备课、深度教研质量不高。

（2）对外出学习、区级常态教研的参与热情不高。

3．附小针对性规范与要求

（1）各层次教师按《指南》具体规定进行相应的个性研修。

（2）区教研，原则上全员参加，如实在有特殊情况，经教导处同意后，至少一半以上教师参加。

（3）听课：10 年以上教龄教师，每期至少 15 节；10 年以下教师，每期至少 20 节。

（4）认真填写《教研共同体职业生活手册》，深度教研每期 4 次，严格按"四有"（有主题、有深度、有策略、有成果）、"三要"（要提前准备、要提前两天报分管行政、要全员参加）标准执行。

二、基于真实状态中的"教与学"，深研"备课"

备课，是教师的重要基本功，是其专业工作的重要内容，也是各级教育管理部门教学督导的重要项目。

小学数学教师的备课，是根据学校育人目标和学科课程标准，于课前进行班级学情分析和教学内容选择，确定学习目标，对教学活动进行预设准备，并将这些准备呈现于教案本，内化于心，最后实施于课堂。这样的流程，被每一个教师认同，似乎没有讨论的必要。但深入一线教师的真实工作环境，便会发现，备课已然成为目前小学数学教师工作中最有争议的内容。前述流程，不同程度属于"理想中的备课"。

（一）小学数学教师真实工作状态——忙于应对，疏于研究

通过随机调查发现，小学数学教师在一学期内，比较完整地阅读过一本教育专业书刊的，占比不到 5%。这样的数据，并非说明小学数学教师不爱学习，不求上进。相反，绝大多数教师都觉得，唯有学习，才可改变"高负低效、身心俱疲"的现实问题。任何问题，要想解决，必须得清楚背后的真正原因。

1. 超负荷的工作量

小学数学教师，一般任教两个班级，少数任教一个班的，有的还要兼任其他学科的教学任务。每天 3 到 4 节的课堂教学，只是摆在明处的工作。同时，批改作业，也需要花费大量的时间与精力。两个班的学生，约为 90 人。每份作业，就算按只管对错而不管错因的标准进行批改，也得花一到两分钟。这项工作，每天最少得用去 3 节课左右的时间。若再算上个别辅导、家校沟通、各类会议及非教学工作任务，早已超出了教师一天的合理工作时间。而备课，虽然非常重要，但在教师的真实工作内容中，相比要面对学生的课堂教学和要面对家长的作业批改，只得让步。怎么让？要么在下班后进行，要么草草了事"备假课"，而无论是哪一种办法，都是不合理的应付，都将导致

备课失去它本来的意义。

2. 不合实情的备课管理

备课，是为了确保上出"好课"。但是，无论是教育主管部门还是学校教务处，对于教师的课究竟"好不好"，其实没有办法准确给出结论。不管学校配备的教研员和管理者数量有多充足，都不可能有那么多时间把教师每节课都听完。所以，相对有说服力的做法，就是查备课本与听研究课。而问题，刚好就出在这里。试想，关于备课本，为什么会有"全手写""打印稿""精品教案书""详案""简案"等说法呢？那是因为，在教师的现实工作状态下，教案本上的东西和课堂上的呈现，是有差异的，教案是我们理想中的课堂教学方式。在极端情况下，备课本的作用就是为了迎接各类检查，用以证明课堂是有准备的。

关于备课的管理，学校一般都会要求老师们利用假期时间独立进行，并在开学前完成全学期备课，至少也得提前备好前几周的课。因为学校知道，小学教师一旦进入开学状态，就很难静下心来备课了。但想想一个教师的真实状态，姑且不说假期备课认真与否，单说在无学生调研反馈的前提下，要高质量地备好一期的课，本身就不太现实。所以，许多教师的假期备课其实"来路不明"。这样的备课，在真实的教学中使用率很低，从而，当教务处通知要进行教案检查时，教师们加班加点"补课前调整、补课后反思"也就不奇怪了。

（二）小学数学教师真正认同的"好课"——常态备课，真实展开

提到"好课"，必然想到"研究课""示范课"这样的公开课。上网检索"好课的标准"，有成千上万条结果。这些检索结果有从课的内容进行讨论的，也有从课的形式进行研究的，还有从学习效果进行表述的。诚然，公开课是经过教师个人或团队深思熟虑、反复试教后的成果，是力求在每一个环节做到完美的课堂。它在研究、示范方面，毫无疑问是好课。然而，支撑小学数学教育的主力军，是众多一

线教师，他们没有精力去把每一节课精雕细琢。在面对各类"优质课""示范课"时，他们除了赞叹之外，内心深处可能并不一定能效仿接受。因为他们清楚，就算学校与教师竭尽所能，每节课都上到公开课那样尽善尽美，也未必会在现实面前讨好。他们需要的，是通过常态的准备，就能顺利完成基本教学任务，让学生也能进行真实自主的探究。

这样的课堂，有吗？一个非常有意思的说法：上课如建房。建房，可分"砖混式"和"框架式"。"砖混式"的建筑，就是用砖从地基一块块往上砌，最后用水泥板一盖，看起来紧凑而坚固。但这种建筑最大的问题就是不抗震，稍稍一震，就可能全屋坍塌。而"框架式"，则会先用钢筋水泥把框架搭好，再在框架内根据需要填充砖块或其他东西，看起来漏洞很多，但不管怎么震，房子主体还在。仔细想想，课堂何尝不是如此？"砖混式"的备课，问题得一个个提，学生的回答需要各种预设，备起来容易，看起来结实，但针对每一个问题，学生的回答都会如教师所想吗？如果某些问题没按备课预设进行，还能顺利进行吗？反过来，如果我们的课堂只是设计好几个大的框架，在框架内让学生充分去自主完成，会不会在开放与基本任务之间取得平衡呢？

（三）基于小学数学教师真实工作状态的"备课"——框架式集体备课

备课的目的是把课上好，不能只是简单地通过查教案的字数多少、是否翔实来判定是否认真备了课。儿童在不同阶段会有对应的特点，不同的学习内容应对应儿童的特点，会呈现规律性的东西。因此，经过了检验、修改和上一届教师使用过的教案，是否才更有用呢？

备课，分初备与课前调整两个环节。初备是对教学内容进行总体了解与分析，进而确定一个大体的方案。这个方案还不是真正的课堂实施方案，例如，市面上的教案书就算一种方案，只是不一定好用，不一定适合校情班情。各级教研部门，可以根据区域内学校的特点，组织优秀教师备出或选出两三种不同层次的教案，以电子稿的方式发布，供学校、教师选择。当然，学校如果有充足的师资力量，一校一案是最好不过了。首先由全体数学教师进行深度研讨，达成共识，形成了数学学科初案的基本框架；然后由各备课组分工进行分册备课；最后，将备课成果进行逐年的修改、传递。由此，既能减轻一线教师备课压力，又真正适合常态"好课"要求的备课方式应运而生，那就是"框架式集体备课"（表 2.1）。

表 2.1　框架式集体备课

课题_____　　主备_____　　学习时间_____

总_____课时　第_____课时

目标预设					
学习重点					
学习难点					
学习准备					
内容板块	设计意图	教师活动	学生活动	"情"的体现	"智"的体现
板书设计			作业设计		
教学反思					

1. "框架式集体备课"的模板内容

除去常规的备课要求外，"框架式集体备课"的主要内容可分为以下五个方面。

1) 内容板块

按照学习内容或学习进程,将全课划分为 3~5 个小板块。小学数学课堂,一般可设计为"情境(问题)导入""独立探究""交流分享""练习总结"等几个板块。每一个板块由教师组织展开或顺应学习状态自然进入,板块内根据班级整体学习状态,由学生自然展开。

2) 设计意图

依据课时目标分解出板块目标,也就是每一个板块的具体意图。根据儿童专注力较弱的特点,用明确、合适的意图去引领学生进行每一板块的学习。

3) 教师组织引导行为

基于每个板块的目的,预设教师大致的组织引导行为,这是有效备课的关键点。学生要进入学习状态,得有必备的问题或情境,通过教师组织的问题或情境,可以更高效地引导学生进入学习状态。以"独立探究"这一板块为例,如预设时间为 10 分钟,学生自主探究了 8 分钟左右,绝大多数学生已经有了自己的思考与结论,那就可以直接进入下一板块的学习。但如果这时多数学生还存在困难,教师应及时介入,进行引导或讲授。因为,预设的情况,可能不太符合学生实际。

4) 学生探究学习行为

根据学情与规律,预设学生在这一板块内大致的探究学习行为,这是有效备课的核心。教师不再对学生具体怎么想、怎么说、怎么做进行"砌砖式"预设,而是针对这个活动进行设计,从而敏锐地引导学生深入学习。

5) 课前调整及板书、作业、反思

课前调整集体备课方案为班级实施方案,通过个体设计板书方案帮助教师把全课教案提升为几个主要板块。形成个体实施方案后再设计作业,将其更具针对性。最后通过反思,实现学校备课资源的逐步优化。

2. "框架式集体备课"的主要流程

1）群策群力，形成资源

学校以形成校本资源为目的，组织全体教师参与教案编写。第一年，在假期，通过备课组组内分工的方式，形成小学数学的电子教案。考虑到教师实际的工作情况，刚开始时，学校可以借鉴、引用各类资源，规模较小的学校也可与同层次的学校合作进行。但所有备课必须从"实录"式的师生对话转为"学习活动"的设计。从第二年开始，在每学期放假之前，由教导处将电子资源共享，各备课组进行下载，组内进行分工，学习上一届的电子教案，再进行调整。然后将调整稿交回教务处，待教务处审核后，进行统一打印，完成初稿的准备。

2）课前调整，确定框架

有了初稿，如何转化为课堂实施方案呢？当然是进行组内研讨。研讨时，由"主备"或"主调整者"陈述该课为何要设置这样几个板块，每个板块的目的是什么，师生的大致课堂行为是怎样的。通过组内成员进行讨论，教师结合自己班级情况，在纸质教案上进行调整，梳理出课堂教学的主体框架，明确每个板块的目的和意义，设计好板书与作业。

3）及时反思，调整修改

传统的课后反思，基本是教师个体的自行思辨，缺少研究和共享。如果备课组约定，每一次集体备课前，要简要对上一课的课堂感受进行交流，那每位成员就会主动将自己上课的心得简记于备课本。而备课组长则可在综合大家的意见后，修改电子文稿，于期末上传至教务处存档，供下一届教师参考使用。

诚然，这样的备课方式，也存在年轻教师驾驭难、学校管理难等问题。但只有坦然面对目前小学数学教师的真实工作状态，承认问题，管理层与一线教师之间那张关于"常规"的纸，才会不捅自破。

三、基于真实状态中的"教与学"，落实"数学学习习惯养成"，细化课堂常规，保障课堂质量

（一）从起始年级抓起，落实习惯养成

小学一年级学生刚进入小学学习，学习观念淡薄，尚未形成良好的学习习惯。他们已经习惯了幼儿园生活，并刚好过了两个月的暑假。

小学一年级是培养儿童养成各种好习惯的最佳时期。作为数学老师，在这一阶段重视培养学生良好的学习习惯，不仅直接影响学生的学习效果，而且在一定程度上还直接影响其能力、性格的发展。

对于刚入学的一年级学生来说，养成良好的学习习惯显得尤为重要。教师应充分地关注学生良好学习习惯的养成，并将这一目标贯穿在教学的全过程。

那么，我们应怎样培养学生的学习习惯呢？答案是从课堂出发！

通过与班主任和家长沟通，川大附小制定了数学课堂基本常规要求，大致有如下九条。

（1）课前准备：上课前必须准备好学习用品，书本统一放在桌面的左上方，文具盒放在书本上。

（2）候课：上课音乐响起，要迅速而安静地走进教室，值日生提示"静息"，每个学生伏在课桌上"静息"，等待老师上课。

（3）铃声响后：上课铃声响起后，教师走进教室，值日生喊："起立。"全体学生鞠躬向老师问好："老师，您好！"老师回礼："同学们好，请坐！"学生立即按要求安静坐下。下课铃声响起时，老师宣布下课后，由值日生喊"起立"，学生鞠躬说："老师，再见！"老师说："同学们再见！"学生做好下节课的准备后，离开座位，喝水、上厕所、出去玩。

（4）举手发言：右手自然举起，五指并拢向上举直，肘部不离开桌面。

（5）坐姿和倾听：同老师、同学讲话时，要坐姿端正，左臂在下，右臂在上，平放桌面，双脚自然分开与肩同宽（或并拢），抬头挺胸，身体坐直。在倾听时，要专心致志，积极思考，边听边想，等别人讲完后，在举手得到同意后，才能发表自己的观点。不随便讲话，不做小动作。未得教师许可不得离开座位和教室。

（6）语言表达：①能说完整的话。②自然大方，声音响亮，口齿清楚，语言亲切，态度诚恳。质疑时，学会用"为什么……""我有一个问题：……""请问××老师（或××同学）"等句式。回答问题时，学习用"我读了这段话知道了（明白了）……""我是这样想的……""我还认为……""我有不同意见……""我补充……""我们小组的意见是……"等句式。

（7）握笔姿势：拇指、食指捏着，三指、四指托着，小拇指往里藏着，笔杆向后躺着，笔尖向前斜着。

（8）写字姿势：做到"三个一"，即胸离桌边一拳，眼离书本一尺，手离笔尖一寸。

（9）合作交流：听到老师开始的口令后再动手、动口，小组交流时轻声有序，完成后用坐姿告诉老师。

接下来，按学月安排，计划安排如下。

1. 第一学月：规范学生课堂基本行为——听

注意倾听他人的意见，准确表达自己的思想，是学生学会求知的重要途径。所以我们应想方设法运用各种手段来培养学生认真倾听的好习惯。

（1）以身作则。当学生发言时，教师应首先带头倾听，不管学生发言质量如何，不轻易打断，更不能在学生发言时，做其他事情。在学生发言后，要适当地进行指导或评价。

（2）激发学生的倾听兴趣。可以安排儿歌、猜谜等活动进行教学，也可根据教学内容设计一些动手操作的活动，如画一画、折一折、摆一摆。动静结合，才能做到有序有效。

要保持学生的学习兴趣，最根本的还是精心设计教学，课堂要有动有静、有浅有深。作为教师也要修饰自己的教学语言，提高语言魅力，吸引学生倾听。

（3）教给学生"听"的方法。要培养学生认真听的习惯，除了让学生想听外，还要让学生知道从何而听，这就要老师适时地进行点拨，教给学生方法，使学生会听。同学发言时，教育学生眼睛看着发言同学的脸，做到神情专一，要让学生明白听别人讲话，不是只听"热闹"，而是带着问题去听。思考有无不认同的意见，是否能给自己带来启发，在大脑中多问几个"为什么"。

2. 第二学月：规范学生课堂基本行为——说

教师在教学中加强对学生说的训练，培养说的习惯，有利于学生反馈学习信息，能使教师及时掌握学生对问题的理解程度，便于针对性地采取措施，同时培养学生的口头表达能力，促进学生思维发展。

（1）让学生有敢说的勇气。

班级里，总有那么一些胆大敢说的孩子，也不乏胆小怕言的学生，针对实际情况，教师应时时以敢说者带动、激励怕言者。教学中，对于那些爱探索、肯带头的学生，应及时给予表扬，例如"×××同学真积极，总是回答问题，说明一直在认真听讲""×××同学回答问题时很响亮，希望其他小朋友也能这样""×××同学真爱动脑筋""你说的棒极了"，等等。对于那些不善于发言、怕发言的学生，教师应给予期待的眼神、鼓励的目光，并加以适当的点拨、适时的引导，增强他们表达的勇气和信心。比如，当敢说者发表了自己的想法后，教师可以把复述、模仿的机会让给怕发言者，并给予鼓励："说得很好。"再如，对于课中那些较简单的问题，教师也可以把说话的机会让给怕发言者，并及时鼓励："你答得非常正确，有进步。"当学生回答错了，教师可以鼓励："虽然回答得不完全正确，但你能大胆发言，已有进步了，老师相信你下一次一定能回答正确。"对于一年级刚入学的孩子来说，老师能表扬、鼓励他，多数学生会觉得非常开心、非常光荣，由此增强说的勇气和信心。

（2）让学生把话说清楚，说完整。

一年级学生，知识面窄、语言贫乏，尤其是数学语言更难以正确表达，他们往往能够想到、做到，但不一定能正确表达。根据这一特点，我们可以尝试把枯燥的数学知识置于一定的数学情境之中，让学生边操作、边表达，循序渐进地把话说清楚、说完整。

3. 第三学月：规范学生的课堂基本行为——读

课本是学生获得系统数学知识的主要来源。阅读课本应要求学生读懂、理解、记忆，防止流于形式。在引导学生阅读课本的过程中，重要的是让学生通过分析、想象、概括、推理等思维活动，培养思维方法和思维习惯。

（1）从图开始读课本。由于 年级学生识字不多，缺乏阅读能力，教师在教学过程中首先要教给学生看图的方法，培养学生的观察能力，再由教师领着学生一起读，逐步培养学生阅读算式以及叙述文字的能力。之后随着识字量的增加，再适当增加看文字的成分。

（2）培养学生独立阅读的习惯。有些学生过于依赖教师读题和提示，这不利于其思考能力的提高。尽管一年级学生识字不多，但在教师的帮助下，他们可以逐渐学会读题，个别识字较多的学生在协助下也会读题。在独立阅读的过程中，教师可以引导学生查看目录，了解每单元的学习内容，并鼓励他们分享自己喜欢的部分。

4. 第四学月：规范学生课堂基本行为——写

认真书写不仅能提高作业的准确率，同时对于端正学生的学习态度，培养其认真负责的习惯也具有积极的推动作用。因此，对于数学作业的书写格式，教师应严格要求，确保阿拉伯数字和符号的书写规范。在竖式计算时必须使用尺子画等号线。此外，教师还需经常对作业的书写情况进行讲评，并树立榜样，以表扬为主。对于一年级小学生，他们在完成课堂作业的过程中往往会分心，教师应要求小组同学相互督促，确保他们能认真地完成作业。

良好学习习惯的养成并非一蹴而就，而是需要从日常点滴做起。当养成良好的学习习惯后，将会让学生终身受益。

（二）细化"课堂常规"，保障"课堂质量"

1. 开课的常规

一个良好的课堂生态是从师生互相尊重开始的。起立与坐下环节是教学过程的首要环节，它不仅体现了尊师爱生的礼仪，还是营造氛围、安顿秩序、组织教学的关键步骤。这个环节可以帮助学生收心，从课间兴奋状态进入本节课的学习状态，因此我们不能忽视这个"上课仪式"。

在起立时，学生应迅速起身，并尽量避免发出嘈杂的桌椅响声，同时，更不应一边整理学习用品一边起立。相反，学生应抬头挺胸，目视老师，以示尊重。

在学生起立后，教师应立即扫视所有学生的举止，用眼神特别提醒那些尚未进入学习状态或课前准备未充分的学生。在互致问候后，请学生坐下。

学生应在坐下时保持端正的坐姿，集中注意力，以便快速进入学习状态。

2. 板书的常规

黑板是师生交流的媒介，方寸之地也可以做出大文章。为了确保后排学生能够清晰地看到板书内容，应先利用黑板的上半部分，确保后排学生不会被前排学生遮挡视线。只有后排学生不被前排学生挡住时，才使用黑板的下半部分。此外，教师应避免一边在黑板上书写一边背对着学生讲课的情况。

为提高教学效果，教师应多提供学生在黑板上书写的机会，提高学生的学习积极性；要慎用黑板擦，在擦去学生书写的内容之前，应优先考虑这些内容的价值，以及是否需要进一步强调或解释。

在此特别提醒，尽量避免用手擦拭、修改黑板板书的举动。这一行为不仅暴露教师对课堂行为缺乏深思熟虑，未能进行整体布局和规划，而且还可能向学生传递不当信息。

3. 举手的常规

教师可以赋予不同的举手方式不同的信息。

教师可规定，若对答案成竹在胸，请高举右手；如尚存疑惑，正在思考，可以低举右手；若急于发言，手可以上下快速移动，但不得发出声音，且不能离开座位。

为确保教学秩序，教师可以规定，当提问的问题与本节课内容有关时，请同学们举右手；当问题与本节课无关（如身体不适等），可以举左手。这样可以帮助教师更好地了解同学们的需求，并确保课堂秩序的稳定。

如果发现学生举起了左手，教师应当悄悄走到学生面前，并以轻柔的语气进行谨慎询问和处理。这样的做法有助于避免课堂上的一些尴尬情况，同时也不会对有特殊情况的孩子造成自尊心的伤害。

4. 提问的常规

如何避免将过去的"满堂灌"教育方式转变为如今的"满堂问"模式？

在提出问题后，应确保至少有一分钟的等待时间，以便学生有足够的时间思考、梳理他们的答案。

为了提高教学效率，最好不要先让学生提出问题，教师应尽量避免提出"是不是""对不对"或已有现成答案的低效提问。

教师应鼓励学生自行组织语言，规范回答问题。在学生回答问题卡壳时或表达不清楚时，教师要给予引导、提示和总结，以确保学生能够勇敢地参与回答。

教师应致力于培养学生的问题意识，确保学生之间能够传递"问题之球"，而教师不能做唯一的"投篮者"。教师要在学生自我感觉无疑的情况下尝试产生新疑，以便让学生体会豁然开朗的感觉。在课堂结束时教师应避免让学生带着"句号"走出教室，而应鼓励他们带着"问号"走出教室。

5. 发言的常规

对于学生的发言，教师是参与者不是替代者，应通过尊重与激发灵感来促进学生的成长。

在讨论时，学生可分为不愿发言、不主动要求发言和主动要求发言三类。在选择发言对象时，要根据具体情况决定。如果要鼓励更多的学生发言，激发他们参与的热情，教师可以请那些不主动发言的学生参与讨论；如果想促进思想碰撞，深化对问题的理解，教师可邀请那些从神态上看表现出不同意见的学生加入讨论。

在课堂讨论中，一些学生会边思考边加入讨论，导致发言断断续续，甚至卡壳。这时，其他学生往往缺乏耐心，有的低声议论，有的大声提示，这会给发言的学生带来额外的压力。面对这种情况，教师需要适度参与，但要讲究技巧。教师应努力从学生断断续续、结结巴巴的话语中，分析判断他想表达的思想观点，然后给予适当的启发和引导。

学生的发言多为即兴，思维与逻辑可能不够严谨，表达可能不够准确，语言可能不够简洁。因此，教师要用简洁的语言对学生的发言进行评价，归纳其主要观点，使后续讨论更具有针对性。

学生应培养尊重他人发言的习惯，形成倾听他人发言的道德修养，并提高发现他人思想闪光点的能力。学生提出的问题或表达的观点，往往能突破教师的固有观念，为教师带来新的思考与启发。

在归纳评价时，教师应通过亲身经历与体现，向全班学生分享从发言中获得的启示与认识，这是对发言者最好的肯定与评价。

6. 候课与拖堂

候课有三大好处，拖堂有五大弊病。

候课的三大好处：能够快速梳理教学设计流程，在课堂上能更从容自若；酝酿感情，以便能快速进入本节课特定的感情氛围；拉近与学生的距离，同时让学生养成预习的好习惯，快速进入学习状态。

拖堂的五大弊病：①很可能是无用功。下课铃声已响，学生注意力分散，多数讲解也是白讲，还会影响师生关系。②影响学生身体健康。课间时间有限，拖堂会耽误学生去洗手间和活动的时间。③不利于教师之间的团结。如果上节课拖堂，学生没能及时放松，无法为下一节课做好准备，会对下节课的教学质量产生负面影响。④让学生养成拖沓的坏习惯。老师的拖堂习惯，容易成为学生模仿的对象。⑤不利于业务提高。如果教师养成了拖堂的习惯，就难以深入钻研教材并对课堂进行预设，缺乏教学效率意识，这将对教师的业务水平提高产生阻碍。

7. 评价的常规

对学生进行评价时，应避免单调的赞美，这会让学生产生"赞美疲劳"，丧失新鲜感，从而导致激励作用减弱。应坚持多元评价，充分肯定学生的努力和成就，并鼓励他们迎接更艰巨的任务。坚持对学生评价采用积极心理暗示原则，用描述式表扬取代评价式表扬，用努力取向的表扬取代能力取向的表扬。

8. 课堂调控的常规

处理课堂上的违纪行为时，应以最小的"代价"换取最大效益。

在处理自己的课堂问题时，力求自己解决，不依赖班主任或学校处理。

在应对可能出现的冲突时，要保持冷静，为双方创造足够的时间和空间，以缓解冲突的紧张局势。

在处理学生问题时，切忌轻易动用"牛刀"，以免在小问题上造成不必要的困扰。若学生在课堂上犯下了更大的错误，应保持冷静，不要黔驴技穷或无计可施。

章三　教学案例

第一节　情智数学之"体积与容积"教学设计

目标预设

（1）通过具体的实验活动，了解体积和容积的实际意义，初步理解体积和容积的概念。

（2）在操作、交流中，感受物体体积的大小，进一步发展空间观念。

（3）培养学生愿意交流合作，喜欢数学的情操，感受数学来源于生活，体验操作的欢乐。

学习重点

能够有效区分物体的体积和容积。

学习难点

初步学会比较不规则物体的体积大小的方法，体会体积与容积的区别与联系。

教学准备

量杯、土豆、芒果、水槽、书、水杯等。

一、新课引入

你知道体积与容积的意思吗？

1. 设计意图

利用谈话激发生活常识与标准概念认知的冲突，从而激起学习兴趣。

教师活动	学生活动
生活中，我们常常比大小，比如： 我的头发比××同学的长。这是在比什么？ 黑板面比课桌面大。比的是什么？ 芒果比积木大。比的又是什么呢？ 玻璃盆装的水比杯子多。你觉得是比的什么？ 刚才你们的回答中出现了两个新概念："体积""容积"（板书）。看来知道这两个概念的同学不少，谁来说说到底什么是体积？那什么又是容积？	认真倾听，积极回答 头发的长度 面积 体积 容积 同学们自由地说 （请三个同学来说说）

2. "情"的体现

对于生活中许多相差较大的事物，学生已经具备一定的比较经验；并且通过四年多系统的数学学习，学生已掌握了一些数学概念。所以本课一开始就基于儿童已有的生活经验，唤醒了"长度""面积"这两个已学概念的记忆，全面调动了学生的学习情绪。

3. "智"的体现

"体积""容积"这两个概念虽说是本节课的内容，但学生在生活中也早已有所接触，所以在比较芒果和积木的大小，比较玻璃盆和水杯装的水的多少时，学生们能脱口而出是在比较什么。学生这样的已有经验老师必须尊重，但没有经过学习，大部分学生对于这两个概念还处于"只可意会不可言传"的阶段。"谁来说说到底什么是体积？那什么又是容积？"这个问题的提出让学生找到了本课学习的起点，通过自己的思考发现这两个概念自己说不清楚，于是充分地激发了学习的好奇心。

二、探究新知

你真的知道体积与容积的意思吗？

1. 设计意图

借助具体实物体积、容积大小的比较，让抽象的概念直观化，从而去更深刻的理解概念。

教师活动	学生活动
预设1（如果能回答出体积容积概念的情况）：哦，他们说清楚了吗？我们一起来看看。打开书，阅读第36页，学习什么是体积，什么是容积。	认真阅读。
真如刚才××所解释的体积概念，×××是体积。那什么是这个积木的体积？	物体所占空间的大小就是物体的体积。
预设2（如果不能说清楚体积容积概念的情况）：看来，会用，不一定真的明白。打开书，阅读第36页，看看什么是体积，什么是容积。 那现在谁来说说：什么是体积？（补板书）	
什么是这个积木的体积呢？	积木所占空间的大小就是这个积木的体积。
什么是这本数学书的体积呢？	数学书所占空间的大小就是这本数学书的体积。
什么是杨老师的体积呢？	杨老师所占空间的大小就是杨老师的体积。
什么是这个芒果的体积呢？	芒果所占空间的大小就是这个芒果的体积。
现在知道什么是体积的同学举手？真的都明白了？你怎么理解所占空间？举例说说"什么是空间"。 1.（若能举例说到在一个容器里放东西）你说的是这样吗？ 2.（若举不出这样的例子）懂了吗？看来还需要一个更易懂的例子。 （拿出一个杯子，往里面放一块积木） 问：还能往这个杯子里放东西吗？为什么？（看来你们已经有所感悟了） （多用几块积木塞满杯子）	（请三个同学来说说） 能，因为还有空间。

教师活动	学生活动
问：还能放东西进去吗？为什么？	能，因为还有空间。
可以放什么进去呢？	水、米、沙。
小米行吗？（把小米倒入杯中） 原来小米真的可以占这一小点点空间呢。 那这个芒果占了多大的空间呢？谁来比划比划。（把芒果放到他手中，再抽走） 这不就是芒果的轮廓吗？再请个同学来比划一下。 这就是芒果所占空间，那这个空间的大小就是…… 看来，你们理解了，那我们来玩一个小游戏吧，比比谁的体积大。简单吧，但规则是：只能动手，不能动眼。谁愿意来试试。 （第一组：土豆 比土豆大的 一团超轻泥） 你的结果是…… 和你们看到的结果一样吗？ （问摸的同学）你摸的这两个物体的哪里，让你得到了这样的结论。 那下面的同学，你们看的是物体的哪里呢？ 原来你们都关注的是物体的轮廓，从而知道了谁占的空间大，所以你们的得到的结论是一样的。 谁想再来试试。 （第二组：土豆 把第一组的超轻泥搓成细条） 你的结果是…… 哦，还可以变形吗？变形后的体积没变吗？ 你真是个会想办法的家伙。 （第三组：体积差不多的土豆、芒果） 你的结果是……	学生比划（找一个比划得比较准确的为例）。 芒果的体积。 一样。 轮廓。 轮廓。 能把它（超轻泥）变形吗？
你们看到的结果呢？	差不多吧，判断不出来。
眼观和触觉都无法确定，看来只有另寻他法，小组的同学商量一下看看有什么好办法。 （等汇报者先口述），这样，为了让其他人能更明白你刚才说的办法，你上去做给他们看看。请学生上台做。做之前，提问：土豆放进去，水会怎么样？为什么会上升？土豆放进越多，上升的水会怎么样？非常好。看看，是不是这样。请学生慢慢放进土豆，停，观察，再完全浸入，再看芒果。	

续表

教师活动	学生活动
真是厉害，巧妙地运用了"转化"。用眼看，能判断的，不能判断的，你们都能有办法比较出体积的大小，看来"体积"是真懂了，那"容积"呢？	
谁来说说什么是"容积"？你是怎么理解的？	小组合作、交流。
（举起刚刚没有装满的杯子问）这个杯子的容积是什么？里面这些物体的体积是这个杯子的容积吗？为什么？	容器所能容纳物体的体积就是容器的容积。 不是，一定要把容器装满才行。
你理解得真透彻。 （把杯子里的东西倒掉，装上一满杯水） 问：现在杯子的容积是什么？	水的体积就是杯子的容积。
如果装一满杯牛奶呢？	牛奶的体积就是杯子的容积。
看来你们对容积也理解了。	

2．"情"的体现

从知道"体积""容积"两个概念，但不能明确说出什么是体积、容积，再到从书上习得两个概念的定义，最后到真正理解两个概念的本质，三问"你真的理解了吗？"充分体现了这些知识不是盲目地灌输给学生，而是遵循了儿童学习规律，让他们充分经历探究过程，并且通过看、摸、游戏等一系列活动给学生创建了探究的平台，凸显了儿童学习的主体地位。

3．"智"的体现

在通过一系列的操作活动使学生已经完全理解了什么是"体积"后，继续用同样的方法让学生去探究什么是"容积"，从而让学生习得方法，建立起科学认知体系。

三、回味方法，融会贯通

1．设计意图

通过实物演示找到体积与容积之间的区别和联系，为后续学习做好铺垫。

教师活动	学生活动
就是说这个杯子的容积就是里面所能容纳物体的体积（重音）。那也就可以说：容积就是体积啰？（是）既然都是一个东西，追求简洁准确的数学，又何必出现两个概念？为什么？	他们不一样（学生自由地说）。
看来，体积与容积，只说一个，都懂了，但两个概念同时出来，还有学问，我们还没有真正搞懂呢。	
现在请你和组内的小伙伴讨论一下：体积与容积，有什么联系，有什么区别？最好能举例说明一下。 1. 所有物体都有体积，但不一定有容积。 你能举例说明一下吗？ 2. 同一物体，体积比容积大（以冰箱为例）。 3. 用体积来表示容积。 我也有想到了一个很好的例子。（出示果冻）你明白了吗？（把果冻取出来）现在呢，明白了吗？ 我们不能说容积和体积是一样的，但容积的确就是一种特殊的体积。 4. 体积从外面看，容积从里面看。（两个水杯） 哪个杯子的体积大一些，哪个杯子的容积大一些呢？ 请你们设计一个实验解决这个问题，并在小组内交流讨论。 看来，体积大不一定容积就大呀。 以上四点，教师参与引导。	学生讨论交流，然后小组汇报。 哦，果冻肉的体积就是这个盒子的容积。 容积不能确定，要看里面。

2. "情"的体现

到了这个环节，学生可能会以为"体积""容积"这两个概念已经学完，这节课也可能就此结束了。但当老师提出"容积就是体积啰？"这个问题时，立刻又激发了他们探究的欲望。针对"体积"与"容积"的联系和区别这个思维层次较高的问题，老师给学生搭建了合作的平台，学生们在与小伙伴们交流的过程中，主动参与了学习，自觉经历了探究，同时享受了合作情意。

3. "智"的体现

最终当这个问题被学生全面地解决后，孩子们的思维品质得到了较大的提升。

四、课堂小结

（走向生活，情生智长）

1. 设计意图

数学文化浸润。

教师活动	学生活动
你们总结得真好，我也明白了今天的课题为什么是体积"与"容积了。 其实，在人生价值上，体积与容积这两个概念，也对我们有很大启发，比如，老师我，体积基本固定。但是，我可以不断学习，不断地吸收知识，让我的内涵越来越丰富，让我的内心越来越充实。这样你才能成为一个真正强大的人，正如川大的校训：海纳百川，有容乃大（齐）。 非常高兴今天又和你们愉快地度过了充实的40分钟，好，下课。	

2. "情"的体现

通过本课，学生对"体积""容积"这两个数学概念都有了相当深刻的认识，在数学文化层面，借助"海纳百川，有容乃大"这一川大校训，让学生在强大与包容方面有所体悟。这样既增加了儿童学习广度，又拓展了儿童学习视野，更让其对生活有向往之情。

3. "智"的体现

生活即学习，学习即生活。通过这样的课后总结，也发展了学生的学科综合素养。

第二节　情智数学之"圆的面积"教学设计

目标预设

1. 经历圆面积计算公式的推导过程，掌握圆面积的计算公式。

2. 在探究圆面积公式的活动中，体会"'想'曲为直"和"转化"的数学思想方法，思考平面图形面积计算公式推导过程中思想方法的一致性，从而使学生知识、方法结构化，并在圆面积公式的推导过程中培养学生解决问题的能力。

3. 在小组合作式的探究过程中，体验发现新知的快乐，增强学生合作交流意识和能力。

学习重点

利用转化和极限思想对圆面积计算公式的推导。

学习难点

对"极限"的感悟。

学习准备

学习单、圆片、剪刀、幻灯片。

一、课前谈话：你会徒手剪圆吗？

1. 设计意图

本环节通过游戏"徒手剪圆"，让学生直观感知到曲直之间可转化的微妙关系，从而对后续极限思想的认知做好铺垫。

教师活动	学生活动
由老师的一个问题"是否会徒手剪圆"，引入剪圆活动。将纸对折 4 次。	学生思考是否会徒手剪圆。
1. 第一次沿弧线剪，打开后是花瓣形状。	1. 由圆的特征给出沿弧线剪的方案。
2. 经过调整第二次沿直线剪，打开后发现更接近圆。	2. 发现结果不对后调整方案：沿直线剪。
3. 小结：对立的曲和直居然在某种操作之下可以转化，看来这曲曲直直之间竟藏有玄妙！	3. 领悟到：曲直之间可以转化的玄妙。

2. "情"的体现

开课时由一个"徒手剪圆"的话题，激起学生学习的兴趣，基于学生已有的剪纸经验，充分地调动了儿童学习情绪。

3. "智"的体现

借助剪圆这个活动，唤醒学生对圆的特征相关知识的记忆，在操作过程中充分尊重学生的意见，并且通过"徒手剪圆"的活动激起学生继续探究的好奇心。

二、复习旧知、引入课题

利用学习单回顾已有知识，唤起学生已有知识经验，并形成知识系统，为探索新知做好充分的准备。

教师活动	学生活动
1. 谈话引入，明确已学习过圆的特征和圆的周长，从而引出今天的学习内容：圆的面积。 2. 知道复习的目的是"温故知新"。	1. 明确今天学习的内容。 2. 知道"温故知新"是数学学习的一种重要方法。
3. 回顾复习单上知识，你有什么新的收获？	3. 认真思考，知道以前所学的平面图形的面积公式的推导的两种思路：数（面积单位）和转化（化未知为已知）

三、小组合作、探索新知

1. 设计意图

引导学生有意识地对已有经验进行甄别，并明晰自己的困惑。再通过对学生作品的对比，以及幻灯片的演示让学生从直观到抽象去体会"想曲为直"的方法。并通过回顾平面图形面积的推导过程，认识教学思想方法的统一性。

教师活动	学生活动
1. 利用已有的数学思想和方法，选择自己认为合适的思路解决"圆的面积"问题。 解决平面图形面积问题常用到"数"和"转化"两种思路，你们想用哪种来解决圆的面积问题？为什么？	1. 仔细思考后选择一种思路。
2. 讨论：把圆转化成我们已经学过的什么图形呢？转化的过程中最大的困难是什么？可以怎么解决呢？	2. 发表自己的想法，并找到自己的困惑，曲没法变直。
3. 第一次小组活动： 根据之前的想法去折一折、剪一剪、拼一拼，动手去尝试把圆转化成已学过的图形。	3. 第一次小组合作：动手尝试验证之前的转化思路。但仍然会遇到曲不能转化为直的困惑。
4. 利用对学生作品的对比以及幻灯片的演示，让学生找到解决困惑的方法。	4. 找到"想曲为直"的方法解决困惑。
5. 第二次小组合作： 困惑解决后，小组合作推导出圆面积计算公式，并以小组为单位向全班汇报。	5. 第二次小组合作：推导出圆面积计算公式，并用数学的表达方式表达出推导过程。

2. "情"的体现

本环节引导学生深入思考问题出现的原因，让学生有意识地对已有的经验进行甄别，并明确困惑所在。在两次小组合作的活动中让学生经历利用已有经验解决新问题的过程，并享受合作的乐趣。

3. "智"的体现

学生在操作过程中体验到方法相同，结果却不太一样，并感悟到把圆平均分的份数越多，分出每一份扇形的边就越直的事实。再利用想象无限分下去，让学生感悟到曲、直的变化，从而获得"想曲为直"的新方法。这一过程也让学生的思维品质得到了很好的发展，培养了学生的创新能力。

四、巩固练习、总结提升

灵活运用公式解决实际问题，并谈谈本节课让学生印象最深刻的地方，从而巩固本节课的重点和难点。

教师活动	学生活动
1. 出示题目： 1）一块圆形桌布，它的半径是 10 分米，这块桌布的面积是多少平方分米？（π取 3.14） 2）求直径为 20 厘米的圆的面积（结果用含有 π 的式子表示） 2. 说说本节课让你印象最深刻的地方。	1. 独立完成，汇报算式和答案。 2. 谈印象。

五、拓展延伸：一个 12 寸的比萨怎么换呢？

1. 设计意图

拓展应用，带着生活中的实际问题离开课堂，让课堂延伸出去。

教师活动	学生活动
出示情景问题： 创设老师在比萨店预定 1 个 12 寸的比萨的情景，解决 12 寸比萨能否换成 2 个 6 寸比萨的问题。 如果 6 寸的比萨不够，老师又该怎么换呢？	带着收获和问题离开课堂。

2. "情"的体现

一个生活中可见的数学问题引发了学生的主动思考，使其发现数学的方法和思想可以帮助我们很好地解决问题，不禁对知识产生了渴望之情。对于这样一个有趣的数学问题的解决也使得学生对生活充满了向往。

3. "智"的体现

学生对转化思想有了比较深刻的认识后，能在当生活中遇到难以解决的问题时，借助相对概念在某种操作下可以转化的思路去主动思考和勇敢尝试解决。同时让学生带着思考离开教室，也让知识延伸出课堂。

第三节 情智数学之"谁打电话的时间长"教学设计

目标预设

1. 运用已有的知识和经验探索除数是小数的除法的计算方法，能正确进行小数除法计算，在探究、交流的过程中体验转化的数学思想方法，理解除数是小数的除法的算理。

2. 经历算法的比较、分析过程，探寻除数是小数的除法本质。

3. 体会数学与生活的密切联系，感受数学来源于生活、生活需要数学，培养积极的学习态度。

学习重点

掌握除数是小数的除法计算方法。

学习难点

理解除数是小数的除法算理。

学习准备

导学单。

一、创设情境、引入新知

1. 设计意图

"生根"的数学，就是要挖掘教材的根。通过情境引入，聚焦新问题。

教师活动	学生活动
今天我们要上一节和除法有关的课，说起除法，你最先想到什么？ 笑笑打国内长途电话，每分钟 0.3 元，共花费 5.1 元。 淘气打国际长途电话，每分钟 7.2 元，共花费 54 元。 1. 求谁打电话的时间长？谁来说说你的思路是什么？ 2. 算一算： 先来算算笑笑的通话时间，谁来列式，并说明理由？观察，和之前的算式相比，有什么区别？	 1. 学生说解题思路 2. 学生列式并说明理由。 学生发现今天学习的小数除法，除数是小数

2. "情"的体现

通过打电话的情境引入，自然过渡到"新知"，让学生通过观察，自己发现新问题，获得学习数学的成就感。

3. "智"的体现

新课伊始就让学生明确"新知"的新在何处，有利于学生思维的聚焦，从而让思考更有针对性。说清解题思路也是思维外显的方式，让学生用数学的语言去表达，可以充分地激发学生学习的好奇心。

二、探究新知、掌握算法、理解算理

1. 设计意图

尊重学生认知，唤起学生已有记忆，通过让学生独立思考再合作交流的方式，对比两种方法，让学生发现将"新知"转化为"旧知"就可以解决问题。在学生解决问题的过程中，学生能辨析规范的竖式结构，理解算理。

教师活动	学生活动
1. 小组合作，寻求方法： $5.1 \div 0.3 = ?$ 这个式子等于多少？ 真的等于 17 吗？回忆之前我们在讲小数除法的算理时用到了哪些方法？ 能否借鉴原来已经有的经验和方法来解决今天这个除数是小数的新问题呢？	1. 学生说学过的方法。 学生独立思考并合作交流方法

教师活动	学生活动
2. 分享交流： 怎么想的？ 观察这些方法，什么变了？什么没变？ 3. 第一次对比：方法一、方法二有什么相同点？ 为什么转化？（板书） 4. 以理驭法，表征算法： 展示正确竖式。 思考：为什么要去掉小数点和0呢？ 结合画图再来理解一下。 结合图将竖式梳理在黑板上，板演正确格式。 5. 回头看，对比辨析，直击本质。 第二次对比：图和竖式。 回顾一下刚才的探索过程。想一想竖式中的数字表示什么意思？在图中可以找到吗？ 6. 沟通算法，体会转化。 第三次对比：直击本质。 这些想法有什么相同点？	2. 方法一：商不变的规律。 方法二：单位换算。 预设学生：总价和单价变整，商不变。 3. 学生观察并发现：都是把小数变成了整数除法来解决。 学生说明转化理由。 4. 方法三：竖式。 学生展示竖式并汇报。 方法四：画图。 学生根据呈现的画图过程说明自己的理解。 5. 学生谈自己的看法并指出数字对应图片中的哪里。 学生再次体会把小数除法转化为整数除法。

2. "情"的体现

学生显然知道 $5.1\div0.3=17$，既然知道答案，再来探索等于多少就没有必要了，所以遵循学生已有认知，让学生通过回忆已有经验和方法，学生能顺利找到新问题的突破口，自信独立地解决问题。

通过合作交流和互动，在"做、想、说"中碰撞出思维的火花，学生能享受合作的乐趣。

学生大胆展示自己的竖式，充分表达对图的理解，感受数形结合的思想。

在多种方法的对比中，真正让学生成为课堂的主人，主动参与学习。

3. "智"的体现

5.1÷0.3几乎所有的学生都知道结果是17，但是大多数学生不明白其中的道理。学生通过四年的学习，对"转化"思想的理解比较深刻，所以本课不仅将重点放在怎么转化、为什么转化、转化的依据是什么，还让学生通过探索，多次对比发现，今天的新问题就是在过去的旧知上建立起来的，只不过除数多了1个小数点。多的这一个小数点不仅仅在形式上，更核心的问题是计数单位的改变，从1变成了0.1，并结合算理来理解在小数除法中的余数。本课在厘清算理的同时更关注算法，除规范竖式格式外，还要确定商的小数点位置。确定小数点的位置不仅仅是商的小数点与被除数的小数点对齐这一句话，还要让学生明白为什么小数点的位置在这里，这也是在理解算理的基础上才能明晰的。

三、深入研究、沟通本质

1. 设计意图

渗透结构化的学习思维，为学生后续"新知"的学习埋下种子，留下生长点。

教师活动	学生活动
对比510÷30、51÷3、5.1÷0.3三个竖式，发现了什么相同点？ 那真的完全一样吗？完全没有区别？ 计数单位不同。那为什么都可以用51÷3表示呢？ 揭示本质：小数除法和整数除法一样啊，都是在平均分计数单位的个数！未来要学的分数除法是不是也是这个道理呢？大家可以带着这样的问题去思考、去学习。	发现都可以用51÷3=17来算。 学生发现计数单位不同，数量是相同的。

2. "情"的体现

学生通过对竖式的观察，可以轻松发现这三个竖式都是在用51÷3来算，也能感知到这三个竖式是有区别的，但是具体区别是什么？提炼出计数单位不同这一点对学生来说不太容易，需要画图引导。通过沟通整数、小数除法这个过程，学生在心中埋下渴望学习分数除法的种子，自然培养了学生的学习兴趣。

3. "智"的体现

学生通过比较整数除法和小数除法的异同，直击除法本质——将计数单位的个数平均分，体验结构化的学习。通过对比 $510÷30$，$51÷3$，$5.1÷0.3$，学生发现小数除法和整数除法一样，就是在平均分计数单位的个数。同时培养了学生结构化思维，为以后学习分数除法打下基础。在"双减"背景下，真正的"减"就是让学生学会将厚书读薄，结构化的学习直击本质，事半功倍，提高了效率。

四、迁移运用、巩固算法

1. 设计意图

应用迁移，巩固对算理的理解，学会如何确定商的小数点。

教师活动	学生活动
淘气打电话的时间？列出算式，并用竖式计算一下。 请人汇报展示。 被除数 54 后面为什么多了一个 0？	学生说清楚算法。 学生：要把除数 7.2 变成整数，被除数必须也乘 10。
揭示：小数除法的关键是除数是小数——除数是整数。 36 表示什么？360 表示什么？ 36 个 0.1 在这里不够除了，就变成更小的计数单位，数量变整就能计算了。 结合这个题来看看，这个 36 表示多少元呢？ 今天我们把除数是小数的除法转化成了除数是整数的除法，你知道它的依据是什么？ 比较、完善答语。 小结方法。	预设学生：表示 36 个 0.1。 360 表示 360 个 0.01。 预设学生：36 表示 3.6 元。 学生：商不变的规律。 学生根据已学自己归纳总结方法。

2. "情"的体现

学生通过前面对新知的掌握，独立解决了 54 除以 7.2 的问题。

学生通过自己的语言，归纳概括出除数是小数的除法的算法，充分体会了数学与生活的联系。

3. "智"的体现

通过归纳概括除数是小数的除法算法，明晰除数是小数的除法的关键是把除数变为整数，这为后续余数问题的学习做好了铺垫。学生在这个过程中，迁移能力和思维品质得到了提升。

五、梳理回顾、小结内化

1. 设计意图

通过回顾梳理知识要点，真正做到知识的内化。

教师活动	学生活动
回顾一下这节课，课堂上有什么印象深刻的吗？ 在讲计算方法时，有没有什么想要提醒大家的？	学生根据收获回答。
那咱们一起带着学到的知识来练习一下吧！ 竖式计算： $72.9 \div 0.9$ $7.29 \div 0.9$ $0.729 \div 0.09$	
引导学生发现，无论被除数和除数如何改变，只要抓住其本质——将除数变成整数，即可突破，由此联系到生活，体会万变不离其宗的道理。	学生完成试题，体会举一反三的乐趣。

2. "情"的体现

通过回顾所学，学生对除数是小数的除法的算法和算理都有了深刻的认识，并能应用所学，举一反三。这个过程教导学生在遇到问题时，不要被表面现象所迷惑，而要学会看其本质，既拓宽了儿童学习的视野，又增加了儿童学习的广度，让学生对生活充满向往之情。

3. "智"的体现

数学来源于生活又作用于生活，通过这样的课后总结，能培养和提高学生的学科综合素养。

第四节　情智数学之"生活中的比"教学设计

目标预设

1. 在具体情境中理解比的意义，掌握比的读写方法，知道比的各部分名称，会求比值。

2. 在理解比、运用比的过程中体会比的价值，感受比产生的必要性。

3. 能利用比的知识解释一些简单的生活问题，体会数学与生活的联系。

学习重点

理解比的意义。

学习难点

理解比的意义，体会比的价值。

学习准备

幻灯片、导学单。

一、新课引入

1. 设计意图

通过唤醒学生对"比"的认知记忆，引发学生对"新知"的联想和猜想。

教师活动	学生活动
今天这节课我们先从符号说起。 出示"÷"。 出示"分数线"。 出示"："。	说认识： 平均分。 分数中的。 说在生活中哪里见过。

2. "情"的体现

"老"符号的展示旨在复习，"新"符号的出现则重在调动学生的积极性，激发学生的好奇心。

3. "智"的体现

这三个符号之间会有关系吗？学生会带着猜想和疑问开始学习。

二、探究新知

1. 设计意图

在认识"比"的过程中，利用生活事例说明数学道理，突出"比"的本质和运用价值。

教师活动	学生活动
（一）认识同类量的比 1. 创设情境： 学做奶茶。	
2. 初步认识比： 只准备1杯红茶和2杯牛奶来配奶茶，不够喝，怎么办？	小组讨论：可能会准备多少杯牛奶和红茶。
红茶的量在变，牛奶的量也在变。这样味道还能一样吗？	分别从红茶和牛奶杯数的倍数、分数、份数关系去分析味道不变的原因。
介绍比。	分析：可能一样，也可能不一样。
3. 比的顺序： 根据1∶2又配出了一桶奶茶，味道会一样吗？ 介绍比的前项、后项。	一样。

教师活动	学生活动
4. 比的度量： 奶茶标签上标识的"全糖、半糖、三分糖"等，是什么意思呢？ 出示"放的糖：全糖"。	分别用比来表示。
5. 生活中的比	找一找生活中的比，并说一说比的含义。
6. 比的辨析 比赛中的比分是今天学的"比"吗？	从不同角度辨一辨。
7. 比的运用 出示张仲景的药方。这里面有比吗？	把想到的比写一写。
更喜欢哪种？	交流：有分开写的，有连着写的。连着写的，可以更清楚地表示多个数量之间的份数关系。
介绍：这样的"比"是"连比"。 为什么生活中的药方没有用"比"来记录呢？	不知道具体的量。
(二) 认识不同的比 出示：一辆汽车的行驶情况。 路程/千米　　　时间/时 60　　　　　　1 120　　　　　2 180　　　　　3 ...... 这里的路程和时间的关系能用比表示吗？	辩论： 一部分学生：不能。路程和时间单位不一样。 一部分学生：能。路程除以时间始终是60千米/时，速度不变。
小结：不管是同类型的量还是不同类型的量，只要在变化中有这样不变的关系，都能用"比"表示。	
(三) 以"比"的定义总结 在认识比时，那些不变的关系是通过什么运算发现的？	除法。
介绍比的定义：其实，两个数相除又叫两个数的比。 介绍比值。	求之前认识的比的比值。

2. "情"的体现

从生活经验、生活问题出发，用生活事例说明了数学道理。选择恰当的生活问题，从不同维度体验"比"的特点，从而具有事半功倍的效果。

3. "智"的体现

在比的引入、辨析、运用等过程中，给学生创设了充分的思考、发现和辨析的空间，学生能在"再创造"中实现对"比"概念内涵的扩展的认识。

三、拓展延伸

1. 设计意图

课尾与课首相互呼应，既解开了课首的疑惑，又为下一课时的学习埋下了伏笔。

教师活动	学生活动
回到上课之前的 3 个符号。 "："比起"÷"少了一横，却多了很多。多了些什么呢？请大家积极思考。	总结对比的认识。

2. "情"的体现

再现课首的符号，此时，问题的问号在学生学习过程中已经转化成了感叹号。这种体验会让学生有意犹未尽的感觉。

3. "智"的体现

经历了从"形"到"质"的学习过程以后，学生对"比"的运用也会更加娴熟。

第五节　情智数学之"什么是周长"教学设计

目标预设

1. 结合具体事物或图形，通过观察、思考、操作、比较、归纳等学习活动，认识周长，理解周长的实际含义。

2. 让学生通过"指一指、描一描、量一量"等学习活动，建立周长的概念模型，感受化曲为直的数学思想。

3. 获得丰富的感性认识，结合具体情景，感知周长与实际生活的密切联系。

学习重点

能完整准确地建立周长的概念，并能够创造性地使用多种方法测量具体实物表面的周长。

学习难点

通过多种活动明确周长的概念。

学习准备

课件、细线、直尺、软尺、图形、导学单等。

一、谈话引入

1. 设计意图

通过一连串的提问，激活学生已有的知识储备，激发其好奇心与好知欲。

教师活动	学生活动
今天咱们来学习"周长"，你对周长有什么认识？ 或者有什么疑惑？	从认知出发，解释"周长"的意义。
从刚刚几位小朋友的发言中，你们都提到了"一周"和"长度"，"周长"中的周就对应着你们刚刚说的什么？ 长就是什么？	一周。 长度。

2. "情"的体现

不同的学生对于"周长"概念的认知起点不同。对于大部分学生而言，"周长"是个抽象概念，在生活中缺乏经验的积累，更多时候见到、用到、感知到的是图形的大小、形状，关注周长的时候相对较少。通过提问调动学习情绪，学生在汇报交流中感受到每个人对于"周长"的不同理解，从而激发起学习情趣。

3. "智"的体现

"周长"虽然是学生未曾系统学习的新知，但在日常生活中、其他学科的学习中，学生与"周长"有一定的接触。老师应尊重儿童已有经验，学生在回答他心中"什么是周长"时会调动自身已有的知识储备，唤醒原有知识记忆，通过自己的语言或经历的事例来阐述他对"周长"的理解。学生在这个过程中不仅经历了独立思考的过程，也通过他人的回答而重新审视自己的理解，在思考与倾听中重塑认知。

二、自主探索

1. 设计意图

借助多种形式的体验活动，层层递进地认知"一周""长度"和"周长"等概念，使抽象概念具象化。

教师活动	学生活动
你是怎么理解一周的？	说出对"一周"的理解。
找一找身边物体表面的一周，指一指，说一说。	指一指身边物体表面的一周。
那所有孩子把手拿出来，咱们一起来指一指课桌表面的一周。	
为了让大家都看清楚，请你到讲台上来指一指。（贴数学书封面图）	
他是这样指数学书封面的一周的？你们同意吗？	同意。
都同意？指数学书封面的一周还有不同的指法吗？请你上来指。	学生自由地指。
我观察了这么多种指法，但是老师跟你们的都不一样！看清楚哟！	

续表

教师活动	学生活动
看明白了没有？你们觉得我指的是不是数学书封面的一周？ 认为是的举手。觉得不是的举手。请两个代表来说一说。觉得不是的，你的理由是什么？ 认为是的，你想怎么反驳？ 现在觉得是数学书封面的一周吗？ 要准确指出数学书封面的一周要注意些什么？ 刚刚我们指了数学书的一周，那让你把它描出来，有困难吗？ 那还有它们呢？用彩笔描出它们的一周。 出示导学单：数学书、硬币、角、梯形等图（中有对角线）。 注意，有就描，没有就不描。 对比几种不同描法：更赞同谁的描法？为什么？ 现在老师把书移走，留下了什么？ 这就是数学书封面的一周。 所以这个是硬币表面的一周，你描对了吗？谁来说说描的时候要注意些什么？ 再看这个角，有人描了，有人没有描。到底该不该描？ 所以什么样的平面图形才有一周？ 那这个图形是封闭的，肯定有一周，我们来看小朋友们是这样描的。 你们都是这样子的吗？有没有疑问？那我有疑问，为什么不描图形中的线段？ 刚刚你们说角没有一周，这个中间的线段又不算一周，那你们说一说到底什么是一周？ 刚刚认识了一周，现在咱们来看长度。既然是封闭图形一周的长度，你们能量一量吗？ 老师在每一个四人小组的位置上放了一个信封，信封里有一个四边形、圆片、软尺、棉线。	是数学书封面的一周，因为不重、不漏地沿边线正好绕封面一圈。 长方形。 总结方法与技巧。 应用周长的概念。

教师活动	学生活动
先听清楚要求：四人小组进行分工，决定哪两个人测量这个四边形一周的长度，哪两个人测量圆形一周的长度。完成表格的填写。注意不是整厘米数的取整厘米数。先完成的两人可以帮助还未完成的。都完成之后小组之间交流：你们是怎么量的？量出的图形一周的长度是多少？ 结束后请人上来分享。	小组合作，灵活测量。
你们是怎么测量长方形的？请人上来汇报。老师先把你们测量的数据记下来。 你选择用什么来测量圆形？为什么选棉线？为什么选软尺？你们也一样吗？ 看来聪明的你们都是化曲为直来测量。	小组汇报，方法展示。
通过刚刚的学习我们知道了，周长中的周就是封闭图形一周，长就是长度。所以什么是周长？ 你能说说什么是这个长方形的周长？什么是课桌桌面的周长？	图形一周的长度。

2. "情"的体现

学生主动参与学习，经历"指一指""描一描""量一量"的实践活动，自觉经历一系列探究过程，逐步加深对于"周长"概念的理解，让本不清晰的概念渐渐具象化。学生在探究过程中学会思考、交流和倾听，培养了协作精神，享受合作的乐趣。

3. "智"的体现

当第一个人指完后，其他人的思路很容易被禁锢在同一个框架中。而问题的提出，能激发学生的探究欲望，引导学生跳出之前的思维框架，探寻多种方法。

学生可以突破表层认知，明了"物体某一面"的"一周"与"图形的一周"的联系。

学生能在交流互动中通过观点碰撞挖掘出不同方法的共同点，明确"一周"的本质特征。

学生在活动中习得了新的知识与方法，会灵活运用身边工具与生活经验对图形一周的长度进行测量，初步感受"化曲为直"的数学思想。

三、生活中的周长

1. 设计意图

通过生活中常见的物品，调动学生学习积极性。

教师活动	学生活动
其实周长在我们生活中非常有用，我们一起来看，这幅图里有用到周长吗?（出示栅栏、相框、镜框图） 快看快答。 没错，要制作它们，都得用到周长的知识。	学生看图判断。

2."情"的体现

学生通过生活中的各种实际场景图片，感受了数学与生活的密切联系，理解了数学知识对生活的实际意义，意识到学好数学的必要性，同时激发了学生对知识的渴望之情。

3."智"的体现

学生能运用所学知识找出各个图片中暗藏的与"周长"相关知识，学会用数学的眼光看世界。

四、学以致用、拓展思维

1. 设计意图

在实践应用中开拓思维空间。

教师活动	学生活动
刚刚看到做栅栏需要用到周长的知识，我最近打算做个小花园，设计师给了我下面三种图形，请你们帮帮我，下面哪种图形用到的围栏材料最长?（出示图） 	一样长

续表

教师活动	学生活动
下面 A、B 哪一部分的周长更长？ 看来 A、B 的周长与边线有关，与它们大小无关。 两个正方形拼成一个长方形，拼接前后图形的周长变化了吗？变长了还是变短了？ 变短了多少我们能知道吗？	观察，思考，得出结论。

2. "情"的体现

对于简单问题，学生已经可以做到成竹在胸。因此提出一些有一定难度的问题，能够再次激活他们的学习兴趣，让他们有动力去思考、探索。

3. "智"的体现

一些数学问题的解答可以说是"条条大路通罗马"。思维的灵活性能促使学生的解题方法多样化。因此，为发展学生的思维品质，问题的呈现无须太多限制。适合的道路对每个学生而言是不尽相同的，独立思考与汇报讨论的目的在于让学生不仅能走出自己的路，也可以了解别人的路是怎么样的，以便于在众多道路中选择自己欣赏的那一条。

五、课堂总结

1. 设计意图
激发对数学的喜爱之情。

教师活动	学生活动
这节课你收获了什么？学到了什么？	分享收获。
你们总结得真好，对于周长的意义，老师也有了更深的体会。"什么是周长"这个问题从我们生活中来，我们又应用对它的理解去解决生活中的问题。数学家华罗庚曾经说过："宇宙之大，粒子之微，火箭之速，化工之巧，地球之变，生物之谜，日用之繁，无处不用数学。" 与同学们共度的 40 分钟有趣、有获，期待下一次见面。同学们，下课。	

2. "情"的体现

数学不像语言类学科一样可以用生动的语言、有趣的情节来打动学生，数学是一门文化底蕴丰厚的学科，数学文化同样充满特别的魅力，足以吸引学生们爱上数学、爱上学数学，萌生对知识的渴望之情。

3. "智"的体现

在课堂教学中渗透数学文化，丰富学生的知识面，培养了学生的学科综合素养。

第六节　情智数学之"什么是面积"教学设计

目标预设

1. 结合具体实例，认识面积的含义。

2. 经历比较图形大小的过程，探索比较大小的方法（割补法、摆小图形等），积累比较图形面积的直接经验。

3. 在比较图形面积大小的过程中养成独立思考、勇于探索的习惯并学会合作。

学习重点

在具体实例中认识面积的含义。

学习难点

经历比较图形大小的过程，探索比较大小的方法（割补法、摆小图形等），积累比较图形面积的直接经验，体验比较方法策略的多样性。

学习准备

课前学习单、小组合作记录单、小方格纸、剪刀等。

一、新课引入

1. 设计意图
利用谈话激起学生的学习兴趣，让学生初步感知面积的含义。

教师活动	学生活动
（板书：面）今天我们学习什么是面积。要认识面积，就要先认识面，这个面不是吃的面条，而是数学上说的面，数学上说的面是指什么？ 所以这个面是物体的表面（板书：物体的表面） 老师写字的是黑板面，我们站立的地方呢？我们身边还有很多面，找一找，说一说。	独立思考，说自己理解的数学中的面：表面、作业本的表面、立体图形的6个面…… 寻找生活中的面：地面、桌面、封面、墙面、门面……
看来我们身边有很多面。请伸出你的手，用你的手掌面摸一摸数学书的封面，再摸一摸你的桌面。	摸数学书封面、桌面等，利用生活经验比较物体表面的大小。
你们刚才摸的封面和桌面比，谁大？那桌面和黑板面比呢？黑板面和教室的地面比呢？ 也就是物体的表面都有大小。（板书：大小）	

教师活动	学生活动
刚刚这些面的大小很明显，一眼就能看出，但生活中还有很多面不容易一眼看出，今天我们要研究的问题来自一个故事，想听故事吗？	

2. "情"的体现

借助生活情境，让学生说面，在熟悉的情境中找面，感知面就是物体的表面。利用生活经验比较面，体会面有大小，初步认识面积。用故事开启新课探究，唤起学生的学习热情。

3. "智"的体现

学生在日常生活中能够感受到物体表面和封闭图形有大小，大多数学生听说过面积这个词，让学生从对"面"的理解说起、用身边的面来比较，这充分尊重了学生已有的经验。

二、探究新知

1. 设计意图

经历比较图形面积大小的过程。

教师活动	学生活动
情境讲述：今天要研究的问题来自故事《公主殿下来的那天》。宁静的小村庄住着个小姑娘，名叫小灯笼。她的爷爷是这个村子里最有智慧的人。有一天，邮差带来好消息：公主殿下要到村子里来游玩。于是村民们纷纷从家里搬来最大最好的物品。两个村民却吵了起来，你知道他们在吵什么吗？	倾听故事，猜测情节：谁的床更大。
没错，谁的床大呢？	凭直觉猜测。
比谁的床大，其实就是比谁的床面更大。为了方便研究，老师用了两张卡纸来代替两张床，你能想办法比一比吗？ 请同学来说一说。	观察卡纸，思考比较方法。 说比较方法。
上台给大家演示一下。 （提供剪刀和卡纸）	演示方法：把两张卡纸重合在一起，剪下没有重合的部分，再重合比较，还有多余的卡纸面大，从而比出大小。
教师指着操作的同学问其余同学：有疑问吗？	思考存在的问题：破坏了原有的图形。

续表

教师活动	学生活动
那你还有其他方法吗？	思考，交流不破坏图形的情况下如何比较。
想知道最有智慧的爷爷是怎么比的吗？（课件出示：小灯笼拿来一模一样的坐垫）爷爷为什么要让小灯笼拿一模一样的坐垫？	观察思考并交流爷爷的方法。
现在请你来为公主选餐桌。刚才爷爷比床用的是坐垫，你打算用什么？	思考交流工具的选择。
小组合作，用提供的工具选出最大的餐桌。	小组合作，用提供的工具测量，选出最大的图形。
小组汇报：选择几号，为什么？	至少三个小组上台汇报。
大家都选出了 1 号图形（投影不同的结果），为什么同一个图形，有些小组是 16 个，有些小组是 8 个，有些又是 4 个呢？	找出数据不同的原因：所用的小正方形的大小不同。
图形的什么不一样？	使用相同大小的正方形。
有没有办法让我们数出来的是相同的数呢？	
没错，在数学的发展过程中，就产生了很多的面积单位，给大家介绍一下，这就是边长 1 厘米的小正方形，用它测量这么大的图形怎么样？	
所以人们又把许多个这样的小正方形拼起来，变成了这样的格子，这样一比，就一下子选出最大的餐桌了。	太麻烦了。
作为公主，自然是爱美的，村民们拿出了家里造型各异的镜子准备献给公主。	
请你们小组合作来为公主选一选最大的镜子，用格子纸试一试。小组汇报：选择了几号，为什么？	小组合作用面积测量器测量镜面的大小，汇报交流。

2．"情"的体现

用学生喜闻乐见的故事，促使学生积极发挥主观能动性，帮助公主选出最大的床、餐桌以及镜子。学生用割补法选出较大的床之后，向学生提问是否有问题，学生会意识到不能破坏图形比大小。教师通过展示"爷爷"的办法，让学生领会到"单位"工具的好处，为选餐桌做铺垫。同样的餐桌，不同的小组却有不同的结论，让学生意识到统一单位的必要性。三个探索活动环环相扣，学生兴致盎然，对学习充满兴趣。

3．"智"的体现

通过一系列小组合作探索活动，学生积累了通过割补法、摆小正方形等方法比较面积大小的经验，学生体验到了比较面积大小策略的多样性。学生经历了知识形成的全过程，加深对面积意义的理解，同时培养他们分析问题的能力和合作意识。

三、回味方法、融会贯通

1. 设计意图
拓宽和加强对面积概念的认识。

教师活动	学生活动
刚刚我们通过比较帮公主选出了床、餐桌和镜子，实际上都比的什么？ 我们在研究时为了方便，其实都是研究的物体表面的一个平面图形。那是不是所有平面图形都有面积？ （课件出示平面图形） 这些图形的面积在哪？	物体表面的大小。 思考交流：不是所有平面图形都有面积。 有周长的平面图形才有面积，周长围出了面积。
有面积的图形有什么共同点？（板书：封闭图形）	
这些图形见过吗？（课件出示"温故知新"学习单） 课前的练习单我们做过的，有周长的是哪些？那你有什么想说的？	
看来周长和面积有些关系，至于是什么样的关系，我们后面会研究。 通过刚才的探讨，我们知道物体的表面可以摸到，封闭图形的面积可以看到。接下来让我们听一听，下面音频中哪些与面积有关？ 音频1：给展板围一圈花边，花边有多长呢？ 音频2：给窗户装玻璃，需要多大的玻璃呢？ 音频3：给操场铺满草坪，需要多少草呢？	听音频，做判断。

2. "情"的体现
课前找图形的周长，课中找图形的面积，一张"温故知新"学习单，唤醒了学生对已学过的周长相关知识的记忆，激发了学生想要继续研究面积的学习动力，促使学生主动参与学习，培养学习积极性。

3. "智"的体现
通过对音频中的内容进行判断，加强对面积概念的认识，提升知识运用能力。

四、课堂小结

1. 设计意图

拓宽视野,激发继续探究的欲望。

教师活动	学生活动
通过这节课的学习,你有什么收获? 没错,面积的产生也充满了趣味性(播放视频:面积起源)。 你们今天为公主殿下帮了大忙,那你们想知道故事的结局吗?欢迎感兴趣的同学课后去看绘本故事,或者上网查询,然后与大家分享,下课!	说收获,知道了什么是面积 观看视频,了解面积起源。

2. "情"的体现

通过本课的学习和探究,学生对面积的概念有了较为深刻的认识。关于面积起源的视频,拓宽了学生的学习视野。对故事结局的追寻,促使学生继续探究,燃起对数学的热爱之情。

3. "智"的体现

通过课后总结谈收获,发展了学生的思维品质。

第七节 情智数学之"百分数的认识"教学设计

目标预设

1. 通过课前导学单,让学生收集生活中的百分数,初步了解其意义,自学读写法,体会百分数的应用十分广泛。

2. 让学生在具体情境中迁移已有的分数经验,解释百分数的含义,同化理解百分数是两个量的倍比关系。

3. 在解决实际生活问题中让学生发现百分数与分数的联系、区别，体会百分数的好处。

学习重点

在具体情境中解释百分数的含义，理解百分数的意义。

学习难点

1. 明确简略说法中的百分数仍然是两个量之间的倍比关系，能解释其具体含义。
2. 理解百分数与分数之间的联系与区别。

学习准备

课前导学单、课堂活学单、课件。

一、复习铺垫

1. 设计意图

复习：求一个数是另一个数的几分之几（或几倍）。

教师活动	学生活动
1. 3.5 是 0.7 的几倍？ 2. 120 是 100 的几分之几？ 3. 15 比 25 少几分之几？ 都是求"一个数是另一个数的几分之几"？	口答算式。 小结：部分量÷单位"1"＝分率

2. "情"的体现

基于学生已有的数学经验，从简单开始，调动学生良好的学习情绪。

3. "智"的体现

百分数的本质意义已经学习，只是学生没有联系起来，通过复习，学生意识到百分数的意义。

二、揭示课题、自学分享

1. 设计意图

（1）揭示课题，明确研究目标。

（2）学生互相交流提出的有价值的问题，培养了质疑意识。

（3）学生在生活中见过大量的百分数的例子，会读、会写百分数，基于学情，快速解决了百分数的读写问题。

教师活动	学生活动
1. 出示课题：今天这节课我们一起认识一个新朋友，板书"百分数的认识"。	倾听。
2. 百分数在生活中无处不在，还想了解很多，问题提得很有价值。（课件展示，收集学生想了解的问题）	
3. 同学们自学了百分数的读写，下面请大家讲一讲百分数的读法。 为什么有顺序读？为什么百分号读成百分之……其实都与百分数的意义相关，一通百通。	读法：先读百分号，"百分之"，再读百分号前面的数。

2. "情"的体现

（1）通过分享学生提出的数学问题，激发了学生的学习热情。

（2）学生在生活中见过很多百分数，并且能够自学百分数的读写。通过学生之间互相探讨学习的方式，学生学习会更加积极。

3. "智"的体现

（1）唤起学生新的思考。

（2）激发学生思考百分数还有哪些学问可以继续探究，调动了学习积极性。

（3）学生有能力、有兴趣自学百分数的读写，而教师提供了表达平台，再由教师引导学生探究外在的读写与内在的本质意义之间的联系，激发了学生进一步探索的兴趣。

三、探索新知

1. 设计意图

（1）学生互相交流用不同方式表达对 14％ 的理解，将对分数的概念迁移到对百分数的认识。通过将两个量进行比较，变换百分数的叙述方式，学生解释具体情境中百分数的含义，从而体会并归纳百分数的意义。

（2）生活中的百分数常常是以省略的形式出现的，这往往是后续学生学习的难点，因此，需要通过具体的例子让学生认识百分数。

（3）让学生明确无论采用什么叙述方式，百分数都是两个量之间的关系，缺一不可。

（4）让学生理解两个量比较产生的百分数的意义，认识超过 100％ 的百分数的意义。

（5）引导学生对前面建立的表象进行抽象概括，在理解的基础上深入认识百分数的意义。

（6）让学生感受百分数的好处。

（7）让学生意识到百分数并不能表示具体的数量，只能表示两个量的关系。

教师活动	学生活动
活动一：理解百分数的意义 1. 已经复制的文件容量占所要复制的文件总容量的 14％。 指名 3 位同学交流自己对 14％ 的理解。 教师：份数、分率等理解都可以。 教师：无论什么形式，重要是找到两个比较的量相除得到百分数。14％ 的意义是谁是谁的百分 14？ 2. 地球上海洋面积约占 71％。这句话中的 71％ 表示什么含义？ 3. 羊毛占 65.5％。这句话里的百分数表示什么？ （看似只有一个量）	同桌交流课前导学单上对 14％ 的理解。（明确的两个量进行比较）

教师活动	学生活动
4. 出勤率：98.4%。 教师：随着出勤人数和总人数的变化，出勤率会怎样呢？ 可能是多少呢？有可能超过 100% 吗？为什么？ 所以百分数又叫百分率、百分比。 （板书百分率、百分比） 教师：那么生活中有没有超过 100% 的百分数呢？ 5. A 品牌汽车 1～2 月实际销售 11000 多辆，比去年同期增长 120%，其中刚刚过去的 2 月销量与去年同期相比增幅甚至达到 241%。 活动二：归纳百分数的意义 教师：你们很能干，自己搜集例子，也解释了百分数的意思。你们对百分数有什么新的认识？ 教师：万变不离其宗——百分数的意义。 板书：表示一个数是另一个数的百分之几。 活动三：感受百分数的用处 教师：百分数和分数很像，都已经学习了分数，为什么还要研究百分数呢？使用百分数有什么好处呢？看看生活中的例子。 近期校园足球赛也正在如火如荼的开展中，猛虎队获得一次罚点球的机会，这个机会太难得了，他们的教练准备从三名队员中选一名去罚点球。 {表格见下} 1. 教师：如果你是教练，你准备选谁？比什么呢？比进球数？比罚球总数？不公平。 2. 教师：说一说分数怎么改写成百分数呢？ 教师：由于百分数是分母为 100 份的特殊分数改写的，所以百分号前可能出现小数。 3. 教师：（出示多媒体，展示表格）如果让你快速做出选择，你愿意看到分数还是百分数，为什么？ 教师：分数单位很多。百分数的计数单位就是 1%。 （板书）	98.4% 表示出勤人数占全校总人数的 98.4%。 也可能变化。100% 不可能，最多 100%。 比较进球个数占罚球总数的几分之几？分率。也就是进球率。 独立思考，写一写。 百分数更加直观和简洁，便于比较。

队员	进球个数	罚点球总个数
淘气	18	20
奇思	8	10
不马虎	21	25

教师活动	学生活动
4. 百分号的故事。 活动四：理解百分数与分数的联系和区别 教师：既然百分数好用，那么生活中是否能将分数都换成百分数？ 看看下面两个分数，都能改成百分数吗？为什么？ 1. 一条绳子长 80/100 米。 2. 用去了一条绳子的 80/100。 实验一小优秀教师人数占全校教师人数的 10%，实验二小的优秀教师人数占全校教师人数的 15%，哪个学校的优秀教师人数多？ 教师：10% 小于 15% 为什么不能确定？ 教师：说明百分数只能表示…… 教师：分数一般用在测量、计算中。百分数主要用于调查统计分析比较时应用。我中有你，你中有你，不能替代。	说明原因。分数可以表示倍数关系，也可以表示具体的量，但是百分数只能表示倍比关系，没有单位。 答案不确定，单位"1"不同。 一个数是另一个数的倍数关系。

2. "情"的体现

学生在生活中见过很多百分数，也有一定的了解，通过课前的预学，有了想表达的欲望。教师提供展现的机会，激发出学生对百分数学习的热情。同时，学生在互动中提高了学习热情。

在认识生活中各种变化的百分数后，需要数学化。这就需要学生对百分数产生新的认识，这个过程符合学生的感情需要。

在关注了联系后，学生随之产生"百分数既然是分率，表示倍比关系，为什么还要学习"的疑问，这个疑问能引导学生进行深入学习，符合学生情感需求。

学生在比较清楚认识了百分数后，会与前面知识进行联系，从而产生新的收获。

3. "智"的体现

在体验了生活中分散的百分数的意义后，需要进一步的归纳概括，让学生获得数学思维的提升。

通过制造矛盾冲突，教师将学生引向进一步深入认识百分数的学习中。通过实际问题的解决，学生能感受到百分数的独特作用——便于比较且简洁。

数学学习的方法是有联系的。学生通过沟通知识之间的联系，建构完整的知识网络，思维更加灵活。

四、总结提升

教师活动	学生活动
这节课你有什么收获？还有什么问题？ 看到百分数就要想到它的朋友们：帅气的分率（腰间一根皮带）、倍数、爱漂亮的小数（身上点缀小玩意儿）、整数、分数…… 其实还有一些问题没有解决，百分数还有很多秘密，等待我们继续去发现。	对百分数产生新的认识。提出千分率、万分率。

1. "情"的体现

通过对"百分数"意义的不断深入认识，回到生活，感受数学的价值，让学生对生活充满向往之情。

2. "智"的体现

鼓励学生看到百分数要想到更多的朋友，发散了数学思维，扩宽了学习的广度。

第八节　情智数学之"路程、时间与速度"教学设计

目标预设

1. 结合情境理解"速度"产生的必要性和意义。

2. 结合线段图理解速度的描述与路程、时间密不可分，掌握"速度＝路程÷时间"的数量关系。

3. 通过认识千米/秒、千米/分、千米/时、米/秒、米/分、米/时等复合单位，进一步理解速度的意义。

4. 学生经过主动参与、积极探究，认知水平、实践能力都能得到提升。

5. 让学生在合作交流中体验学习的乐趣，培养学生积极学习的精神。

学习重点

理解路程、时间与速度之间的关系，掌握速度单位的表示方法。

学习难点

埋解速度的含义。

学习准备

幻灯片、学习单。

一、新课引入

1. 设计意图

利用拍手游戏和观看运动快慢现象视频，对比生活中速度的快与慢。

教师活动	学生活动
教师：我们一起来做一个游戏——拍手（由慢→快→慢）游戏。 播放赛车的视频和蜗牛爬行的视频。 教师：说说你们有什么感受？ 教师：刚才你们说的快、慢就是数学上的速度（板书：速度）。 教师：汽车到底有多快，蜗牛到底有多慢？这都需要用"速度"这个量来描述。	动手做拍手游戏感受快慢现象。 观看视频，通过对比感受生活中的快慢现象。交流生活中快慢是用速度来表示的。汽车跑得很快，蜗牛爬得很慢。

2. "情"的体现

四年级学生的生活经验已相当丰富，也有较为丰富的数学知识储备，但是对生活中的很多现象没有用数学的眼光去深入了解和研究，所以就停留在了生活经验层面。本课的开篇唤醒了学生的生活经验（快与慢），从而使学生快速而高效地融入课题核心问题研究中来。

3. "智"的体现

速度是对物体运动快慢十分抽象的描述，学生在生活中对这个词语耳熟能详，但是大部分学生对于速度背后的内涵认识比较模糊，对如何计算速度以及速度的单位表示都不是很清楚。用两个量才能描述清楚速度也是学生需要建立的全新的概念。通过"新课引入"，充分调用学生的已有生活和知识经验，为学习速度这一抽象概念做准备。

二、探究新知

1. 设计意图

借助具体情景让学生充分感受速度的表示与路程、时间都密切相关，知道"速度＝路程÷时间"的等量关系。通过认识速度单位，进一步感受速度与路程、时间都有关，要用两个量来描述。

教师活动	学生活动
生活中还有很多（快与慢）的现象。这不，动物王国里的小动物组织了一次竞走比赛，成绩已经出来了！ 出示松鼠、猴子、小兔走了多远成绩（只出示跑了多远即路程）。 教师：你认为谁跑得快？ 教师：你是通过比较什么信息得到的结果？ 只出示动物们跑的时间信息。 （表格） 　　　时间 松鼠　4分钟 猴子　4分钟 小兔　3分钟 教师：现在能判断谁最快了吗？ 教师：出示完整的信息，不计算能比出哪些结果呢？	学生1：松鼠，跑得最远。 学生2：不同意，争论出还需要时间信息。 路程。 只有时间也不能确定谁更快，您把刚才的信息再出示一次。

教师活动	学生活动
引出核心问题：松鼠和小兔都比猴子快，谁最快？ 教师：寻找交流素材，组织全班交流汇报（板书重要文字和算式信息）。 预设：学生汇报画线段图、计算方法。 教师：有像这样画线段图来比的吗？ 教师：请学生说一说，你是怎么想的？ 教师：谁和这名同学一样是通过计算比较的？ 松鼠：280÷4＝70（米） 小兔：240÷3＝80（米） 猴子：240÷4＝60（米）	把路程以时间来平均分成几份，其中的一份是多少就是每分钟行驶多少米？
教师：像这样松鼠每分钟行 70 米就是松鼠的速度，那小兔的速度是？60 米表示？ 教师：我们通过比较一分钟走了多远，得到了兔子最快。 教师：还有别的方法吗？ 教师：我们是怎样算出速度的？ 教师：当时间与路程都不相同时，我们通过计算每分钟行驶多少米，即速度来比较它们的快慢。 提出新问题、产生认知冲突、进一步理解速度意义。 1. 出示算式：用路程÷时间来计算 A 和 B 的速度。 2. 追加出示图片信息： 速度的数值都是 10，依据我们生活经验判断应该会不一样，可能是什么原因呢？ 3. 追加出示文字信息。 教师：这两个 10 分别表示什么意思。 教师：板书速度的规范表达（米/秒、米/时）并教学（认、读）。 教师：创造一个快一点儿的速度单位呢？再创造一个慢一点儿的速度单位。 教师：速度的单位和之前学过的单位都不一样，它需要两个量来描述。 教师：回头看看我们刚才是如何比较三个动物的竞走速度的？ 松鼠：280÷4＝70（米/分） 小兔：240÷3＝80（米/分） 猴子：240÷4＝60（米/分） 教师：我们用准确的单位表示计算出的速度。 教师：从这些速度单位里，你看到了什么？	小兔的速度是每分钟行 80 米。60 米表示猴子的速度是每分钟行 60 米。 路程÷时间＝速度 每秒行 10 米；每小时行 10 米。 速度与路程时间都有关系。

2. "情"的体现

知识的产生是由于某种生活需要。本课在学习速度时，问题层层递进，从单一信息到完整信息，到能直接比，再到不能直接比，学生也进行了层层深入思考。采用情景、图片、动画等方式的合理呈现，充分调动了学生的积极性，在认知冲突中学生学习了速度的概念以及速度的表达方式，在互动中建构知识框架，凸显了学生学习的主体性。

3. "智"的体现

比较快慢的问题，学生明白只知晓路程或时间是不足以比较出结果的。在知道路程和时间的前提下，通过时间相同比路程，或是通过路程相同比时间，也是学生已知的。而在路程、时间都不同时比较快慢，既是生活现象，也是数学问题。此时转化的思想方法在学生脑海中自然浮现，能够帮助学生建立新旧知识之间的联系，让学生知晓速度需要用两个量来描述。

三、回味方法、融合贯通

1. 设计意图

通过对速度的认识以及速度单位的学习，理解"速度"产生的必要性和意义。

教师活动	学生活动
像这样（单位时间）每时、每分、每秒所行驶的路程叫做速度。 原来速度单位里面还藏着这些秘密。 难怪不能用单一量来表示它。 我们再来看看，我们通过比较速度来比出快慢，是全新的方法吗？ 这里比较速度，其实也就是刚才我们的哪种方法？ 时间相同比路程或是路程相同比时间？ 通过求出速度来比较快慢是常用的方法。	朗读、勾画速度概念，深入理解关系。

2. "情"的体现

学生经历了对速度的学习过程，基本建立了速度的概念，知道了速度与路程、时间的关系，也知道了速度单位的表达。教师的提问又将学生引入反思学习,将新知融入旧知,将自己的知识体系融会贯通。教师通过创设问题,让学生能相互合作讨论,深入反思,形成共识。

3. "智"的体现

学生在解决问题的过程中学习速度的概念,解决问题后将新知融入已有知识框架。在这个过程中,绝大多数学生体会到了转化在学习中的重要性,反思学习对自身知识体系建构和自身学习能力提升的益处。

四、课堂小结

1. 设计意图

数学与生活联系,数学与文化浸润。

教师活动	学生活动
关于速度你学会了哪些?	速度与路程和时间的关系、速度的意义、速度的单位……
现实生活中,竞走、马拉松、男子 100 米、女子 100 米等体育比赛,为什么都是设计成路程相同比较时间呢?设计成时间相同比路程可以吗?	再次体会本课学习的速度与路程、时间密切的联系。

2. "情"的体现

通过本课的学习,学生对速度的意义及其背后所蕴含的数学知识都有了深刻的认识,丰富了学生的数学知识。在与现实生活中的各种情景联系的过程中,学生丰富了视野,感受到学以致用的乐趣。

3. "智"的体现

知识的根在生活中,从生活中提炼,又回归到生活中去,用数学的思维去审视和发现生活中的数学,能不断提高学生的数学综合素养。

情智数学
·现代生活教育实践·

芳

章一 基于数学教学思考的研究

数学教学是数学活动的教学，也是思维活动的教学。如何在数学教学中培养学生的思维能力，养成良好的思维品质，是教学改革的一个重要课题。为了提高学生的思维能力，教师需要精心设计每节课，使每节课形象、生动，有意创造动人的情境，设置诱人的悬念，激发学生思维的火花和求知的欲望。同时，教师还需要让学生认识到数学在现代化建设中的重要地位和作用，经常指导学生运用已学的数学知识和方法解释自己所熟悉的实际问题，拓宽思维的广度和深度，这对开发学生的智力有着极其重要的意义。

第一节 学习习惯养成篇

教育的主要目标就是培养良好的学习习惯。学习习惯是在反复的学习过程中逐渐形成并趋于稳定，最终成为个体所需的自动化学习行为方式。由于儿童具有很大的可塑性，因此我们需要及早为他们进行正确的习惯导向。学校不仅是儿童成长、学习知识的地方，也是他们进行情感交流、培养性情的重要场所，更是培养学生习惯的重要阵地。

一、综合考虑家校需求，设计修订手册

　　川大附小的数学教师团队长期以来致力于培养学生良好的学习习惯，并从学习指导、家校合作以及数学教学等多个角度进行了深入的研究、探索与实践。为解决这一问题，我们精心设计并推广使用了《我爱学数学学习手册》。该手册综合考量了儿童、家长和教师的实际需求，主要包含"我爱计算""我会安排""今日课堂""数学天地"四个板块。

| 好学多问肯钻研 | 每天争做"数学星" ☆ ☆ ☆ ☆ ☆ |

我爱计算：　　　　　　　　　　　　　　　　　　　　　　__月_日_

(1)_____	(2)_____	(3)_____	(4)_____
(5)_____	(6)_____	(7)_____	(8)_____
(9)_____	(10)_____	(11)_____	(12)_____
(13)_____	(14)_____	(15)_____	(16)_____

我会安排：

作业内容	自评	家长评
1.		
2.		
3.		

今日课堂：

数学天地：

《我爱学数学学习手册》样章页

1. "我爱计算"——用于定量计算练习，孩子学习的推手

自开展 5 以内加减法教学以来，我们一直坚持每节课前三分钟进行"听算"训练。通过长期的训练，学生们养成了良好的习惯，预备铃响起后，他们会立即翻开学习手册，集中注意力，准备听算。同时，这也促使他们做好上课的心理准备。虽然有时没有统一听算，但学生们仍可自主计算，效果同样出色。

在实践中我们发现，一年级孩子的数学学习初期涉及的计算并不多，主要集中在数字的认识和书写规范上。因此，我们决定将计算方格修改为田字格，以便学生们从规范书写逐渐过渡到方格书写。随着计算难度的提升，学生们需要简单记录数学式子，于是我们将三分之一的格子设计成横线。这些调整旨在更好地适应学生的需求，帮助他们顺利过渡到更高难度的数学学习中。

2. "我会安排"——用于适量作业安排，家长辅导的助手

在实施"自我评价"和"他人评价"的作业过程中，我们旨在锻炼学生的学习能力，巩固数学知识，并培养他们的责任心。此举有助于引导学生树立对待家庭作业的正确态度，并促进他们养成良好的学习习惯。为了满足一年级家长与教师之间的交流需求，并充分关注每个孩子的成长，我们特别设立了"我会安排"板块，留出较大的空白作为与家长沟通的平台。随着孩子们自我管理能力的逐步增强，我们在后续设计中适当地减少了空白，取而代之的是学生自主的态度和质量的星级评价。这样，家长逐渐退居二线，充分体现了孩子们在学习过程中的自主性。

今日数学学习怎么样？

今日数学，我总结	家长的话：
	老师的话：

我会安排：

作业内容	自评	家长评
1.		
2.		
3.		

3. "今日课堂"——用于课堂笔记，孩子学习的扶手

老师板书示范　　　　　　　　学生用心观看

老师板书示范　——逐步过渡到——＞　学生跟记一遍

然后抄记一遍　　　　　　　　随之思考一番

4. "数学天地"——用于及时作业反馈，教师着力的抓手

此板块有效解决了书本间距较小导致计算过程难以展示的问题，并且能够紧贴教学进度，及时进行作业反馈。在教师的监督指导下，学生能够追踪错题，并适时调整策略，以提高课堂效率。同时，通过利用"数学天地"板块，教师能够实现从基础学习到学生自主分层学习的无缝对接。根据本班学生的实际需求，还能增加每日一题或针对不同学生的特殊辅导项目。

二、低段坚持使用手册，收效显著

目前手册已经过一个班的试用，再到一个年级的铺开，最后到整个低段年级的推广使用，效果显著。从课内到课外，学生、老师和家长，都是手册的受益者。

使用手册进行学习后，学生取得了显著的进步。首先，通过坚持每日听算，学生的计算能力得到了提高，从量变到质变，实现了计算力的提升。其次，手册的分区域布局有助于培养学生的自我管理能力，他们逐渐从被动学习转变为养成习惯后的主动学习。此外，学生还需要记录每个板块的记录要求和作用，这有助于他们逐渐养成精简、准确、完整的数学语言的表达，提升思维品质。

教师在备课习惯、教学方式、教后反思、家校沟通等方面取得了显著进步。

（1）备课习惯方面，教师们逐渐从原先单一的备课方式转变为对整册教材的系统性备课，每天跟进四大板块：精心设计每日一题、精细安排每日活动、精心设计板书布局以及细致辅导每日练习。这使得教师们能够更自觉地将基础知识和能力拓展延伸到每一节课中。

（2）教学方式上，教师们对低段学生的规范化学习进行了更细致的引导，有意识地通过算、写、思、行等多个方面对学生产生持续的影响。

（3）教师们积极进行教学反思，对教育教学实践进行再认识、再思考，以此总结经验教训，进一步提高教育教学水平。

（4）手册的使用为及时有效的家校沟通提供了便利，也为教师有效引导学生情感、知识、技能和行为提供了参考。家长们不再需要依赖电话、QQ或短信来了解孩子在课堂上的学习内容和要求，而是每天通过查看学习手册来获取这些信息。这样的方式使得家长可以及时跟进孩子的教育，促进家校之间的协作，形成教育合力，从而共同促进儿童的发展。

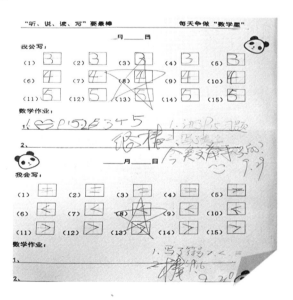

第二节　数感发展活动篇

数感主要是指关于数与数量、数量关系及运算结果的直观感悟。它是人们主观的、自主的或主动化的来解读数和利用数的心态与认知。数感绝不等同于简单的计算、作图等技能，而需要在经历中培养对数与数量、数量关系和运算结果估计的感觉。建立数感是提高学生数学素养的重要标志，有助于学生理解和解析现实问题，提高学生的文化修养。

一、潜精研思——实践中培养数感

通过近三年的深入研究，我们发现常规的课堂讲授和合作探究都无法让学生深入体验并培养数感。因此，我们考虑从实践中去拓宽学生对时间和空间的体验，以达到培养数感的目的。首先，我们强调体验生活的重要性，在生活实例中建立数感。例如，学生通过实践参与购物，在生活实例中建立人民币的概念，并掌握有关购物的数量关系。其次，我们重视操作活动的作用，在亲身体验中发展数感。例如：在不断地估、量、调整的过程中发展学生对长度单位的感悟；畅玩游戏，在游戏中培养数感；畅玩"数独"和"凑24"的游戏，提高学生对数及其运算的灵敏性。

我们进行数学实践活动研究的主要目的有两个：一是提高学生学习数学的兴趣，通过参与实践活动，让学生在实践中逐步建立、发展对数学的理解与感悟，潜移默化地积累经验，最终形成良好的数感；二是希望通过研究，提高教师的研究水平，促进教师的专业成长。在整个实践研究中，我们形成了实践活动课操作程序，构建了序列实践活动资源包，探索出了数学实践活动的新路径和方法。

1. 形成实践活动课操作程序

利用数学实践活动课培养学生的数感，其基本程序包括：明确实践活动内容，制定、论证、修正活动方案，总结评价并形成范式。

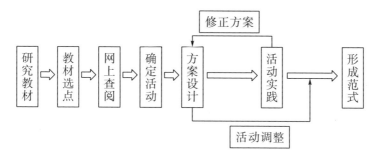

（1）明确实践活动的内容。我们根据《义务教育数学课程标准（2022 年版）》和北师大版小学数学教材内容，细致梳理了小学低段数学学习中的"数与数量"部分的重难点。结合实际，我们确定了以下实践内容：数独、快乐购物、探索"1 厘米和 1 米有多长"、玩转经典——快乐 24、做时间的主人（钟表实践活动）等。

（2）制定、论证、修正活动方案。研究的过程就是不断调整和总结的过程，在初步制定活动方案后，我们力求通过实践探究不断调整并优化方案，以适应实际需求并实现最佳效果。

（3）总结评价，形成活动操作范式。在摸索的过程中，我们发现，通过关注一个具体的活动案例，对其进行总结评价，并形成一套可操作的活动范式，可以简化后续活动的实施过程，提高效果。这种范式化的操作方式能够让老师更加轻松地应对各种活动，提高工作效率。具体的活动范式如下：

活动前：经过深入调研，制订活动方案。

活动中：老师提供小报模板，降低低段孩子独立完成小报的难度；通过家长督促，有效保证活动的顺利进行；学生严格按照方案操作，在记录、修正和整理的过程中，逐步发展数感并养成反思和总结的好习惯。

活动后：通过比赛、问卷调查或小报评奖等方式进行评价。小报还可用外墙展示、课堂交流、QQ 群相册分享等方式达到家长与孩子共同学习互评的目的。

做时间的主人（认识钟表实践活动）   姓名：_____

一、观察钟面，拨一拨，填一填。

钟面上有（　　）个大格，（　　）个小格。

时针走1大格是（　　）时。

分针走1小格是（　　）分，走1大格是（　　）分。

秒针走1小格是（　　）秒，走1大格是（　　）秒。

时针走1大格，分针正好走（　　）圈。

分针走1小格，秒针正好走（　　）圈。

1时=（　　）分　1分=（　　）秒

二、算一算，拨一拨。

要求：先在下表中记录开始时间和结束时间，再计算经过时间，然后拨钟表验证答案。（第1次、第2次、第3次记录完成作业的时间，第4次和第5次自选一件事情记录。）

	开始时间	结束时间	经过时间
第1次			
第2次			
第3次			
第4次			
第5次			

三、记录时间。

上学大约用时（　　）　　一节课的时间是（　　）

吃早饭大约用时（　　）　　跑100米大约用时（　　）

做一页口算大约用时（　　）　　一场考试用时（　　）

一场电影大约（　　）分=（　　）时（　　）分

你还能照这样再写一写吗？

四、拨一拨，画出时针和分针，并写出这个时间你在做什么。

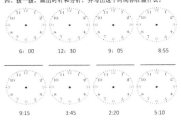

6：00　　12：30　　9：05　　8：55

9：15　　3：45　　2：20　　5：10

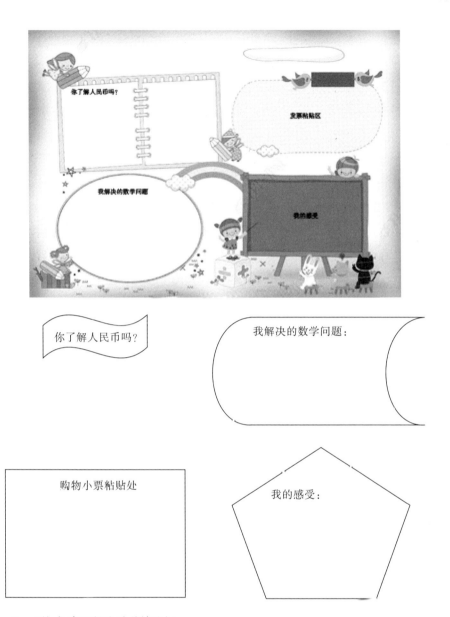

你了解人民币吗？

我解决的数学问题：

购物小票粘贴处

我的感受：

2. 形成序列活动资源包

为了确保今后该年段的老师可以直接使用或借鉴相关资料，我们在每次活动结束后，都会及时整理成果，形成每项活动的完整资料包。这些资料包包括活动方案（名称、时间、意义、过程、评价方式）、小报模版、比赛内容、调查问卷，以及活动总结的电子资料或学生的小报或调查问卷的文本资料。最终我们将形成可以直接运用或借鉴的序列活动资源，以便推广和传承。

　　3. 探索数学实践活动的新路径和方法

　　经过近三年的研究，我们已成功探索出一种通过生活实例、实践操作、游戏等数学实践活动，有效培养学生数感的新思路和新方法，并已取得显著成效。实践证明，这种方法对发展学生的数感起到了积极作用。

　　（1）课后自主探究。

　　自主探究的基本特征是"先学后做"和"边学边做"。由于课堂时间的限制，自主探究通常采用边学边探究的方式进行，但这种方式往往不够深入。如果学生先在课前进行了学习，再加上课后的自主探究，就能够有效弥补课堂探究的不足，探究更深入。此外，课后自主探究也是支撑学生长期学习的一种有效的学习品质。

　　案例：胡萍老师成功执教了《数学好玩——填数游戏》一课，成功激发了孩子们对数独游戏的浓厚兴趣。自此，孩子们不仅在课堂内积极投入数独游戏，课间休息时间也乐此不疲。更有甚者，在回家后还请求父母购买数独教材，以便进一步学习和探索。为了及时了解孩子们参与活动的广泛程度、深度、收获和情感体验，我组老师精心设计了一份调查问卷。

　　调查问卷的结果显示，孩子和家长们对这次活动给予了高度评价，他们普遍认为这次活动不仅锻炼了孩子们的思维能力，也提高了孩子们的自信心和团队合作能力。同时，他们也希望老师能够多多开展类似的思维训练活动，以促进孩子们的全面发展。

　　（2）亲子探究。

　　一看到"亲子"二字，人们往往想到的是亲子活动，我们这里讲的"亲子探究"是亲子活动中的一种，即亲子合作学习的活动。在进入小学以前，大部分父母和孩子之间都是和谐的亲子关系，但自从孩子进入小学以后，亲子关系变得紧张，双方往往会因为一道题争得面红耳赤。但在我们的数学实践活动中，家长常以朋友的姿态参与活动，这样的活动，孩子更喜欢参与，也更愿意主动与家长进行探究。

在三年级上期会开展混合运算的学习活动，因此我们决定引入一项数学实践活动——"巧算 24 点"。这项活动能够有效地调动多感官协调运作，包括眼、脑、手、口、耳等，对于培养同学们的快速心算能力和反应能力具有积极的影响。

为了确保同学们在开始学习混合运算之前掌握"巧算 24 点"的基本方法和技巧，我们会在二年级放假前进行相关的讲解和指导。然后，在暑假期间，学生们可以开始进行"巧算 24 点"的实践活动。由于这项活动不受时间和场地的限制，学生们可以在旅游途中进行，并与家长一起探讨解决问题的方法，甚至可以开展一些小比赛。

实际上，很多时候家长在"巧算 24 点"的比赛中比不过孩子们，这极大地增强了孩子们的自信心，也充分激发了家长和孩子们的参与热情和积极性。许多家长表示，他们希望可以参加"巧算 24 点"的比赛，这也进一步体现了这项活动的带动力和影响力。

二、朝种暮获——数感研究的成效

1. 对学生的影响

（1）通过一段时间的坚持和每日的具体操作，以量变到质变，把抽象的知识具象化，学生对知识掌握得更加牢固，例如能加深学生对厘米和米等度量单位的感知和学习。

（2）学生在活动过程中发展数感，同时提高数学学习的兴趣。例如"填数游戏""玩转经典——快乐 24"等活动，使孩子们在操作中逐渐提高了逻辑推理能力。

（3）学生学会了与父母、同学的沟通协作，增加了生活的正面体验。

（4）通过比赛、问卷调查、小报评奖等方式进行评价，家长孩子可以共同学习互评，从而促进学生之间的良性学习。

2. 对家长的影响

（1）家长根据活动方案指导学生，了解数学活动内容，找到了辅导孩子的支点。

（2）数学实践活动中的亲子探究，既有效保证了活动的效果，又让亲子关系更和谐。

（3）通过各种实践活动，家长、孩子、教师三方之间架起了沟通的桥梁，从而使家长在辅导孩子的过程中，更能有的放矢。

（4）通过家长调查问卷的反馈，教师能及时调控实践活动。

3．对教师的影响

（1）教师对数感的内涵大多强调其直觉、感知、潜意识、经验等，通过实践活动，教师在辅导并解决学生活动中的问题时更能找到教学支点。

（2）将课堂上的部分抽象知识分解到日常生活实践中，从而减轻了教师们的负担。

（3）针对家长的反馈，教师可以及时调整，更有针对性地开展课堂活动。

（4）可以依托实践活动进行赛课，同时赛课又促进了实践活动的开展，两者相辅相成，这对教师的专业发展具有非常重要的意义。

4．对学校的影响

（1）形成学校的优质资源，让低段的数学教师和学生受益。

（2）在校内形成良好的研究氛围。

第三节　综合实践生长篇

"综合实践活动"课程是一个与其他学科课程领域有着本质区别的新的课程领域，是国家规定的一门有计划、有组织地面向全体学生，以综合实践学习、贴近学生现实生活、注重综合运用所学知识及信息技术为主要 内容，以学生的自主选择、探究和直接体验为主要学习方式，以促进学生情感、行为、认知的统一协调发展为主要目标，以重过程为主，终端结果为辅为评价方式的课程。

好的数学教育应该从学习者的生活经验和已有的知识背景出发，提供给学生充分的数学实践活动和交流的机会。突出数学活动的实践是培养学生进行主动探索与合作的重要途径。由此可见，小学数学实践活动已摆在了数学教学的突出位置。教师应让学生在数学活动中突出实践、加强感悟，努力让学生通过实践探索解决数学问题的途径，从而培养学生的实践能力，引导学生将所学的数学知识学以致用，学生活中的数学，感受生活中的数学。因此小学数学综合实践活动课程是时代的呼唤。

综合实践活动课程强调学生通过亲历各项活动获得"体验""体悟""体认"，把"具身认知"作为课程的理论基础之一，把身体本身作为一种认知发展的力量。

学生主动参与并亲身经历实践过程，体验并践行价值信念，体现了"知行合一"的数学理念。

在活动中分工协作，锻炼协作意识；在活动中群策群力，发挥集体智慧；在活动中大胆创新，勇敢尝试，提高解决问题的能力。

一、借力思维导图，提升条理建构

思维导图，是一种表达发散性思维的有效图形思维工具，它简单却又很有效。思维导图运用图文并重的方式，把各级主题的关系用相互隶属或相关的层级图表现出来，将主题关键词与图像、颜色等建立联系。

它能够充分调动左右脑的机能，利用记忆、阅读、思维的规律，协助人们在科学与艺术、逻辑与想象之间获得平衡，从而开启人类大脑的潜能。而放射性思考是人类大脑的自然思考方式，每一条载入大脑的信息包括文字、数字、符码、线条、颜色、节奏、音符等，都可以成为一个思考的核心点。由这个核心点发散出千千万万个连接点，每一个连接点又可以成为下一层中心主题，再向外发散出更多的发散节点，最终呈现出放射性结构。而上述过程其实就是记忆的过程，这些关键的连接点，就如同大脑中的神经元一样互相连接，最终形成大脑的"中央处理器"。

　　思维导图的运用，对学生综合能力的发展有着极其重要的作用。它有利于学生对所思考的问题进行全方位和系统的描述与分析，同时对所研究的问题进行富有逻辑的思考，还有利于大脑找到解决问题的关键因素或环节。思维导图的制图过程是十分灵活的，没有严格的限制，绘制导图的关键在于能够直观充分地体现绘制者的想法和目标，并在整个过程中，充分发展绘制者的思考能力，提高思考水平。在同一个主题下的思维导图，由于绘制者的知识结构、思考习惯、生活和工作经验不同，其所绘制的导图也千差万别，因此，思维导图能够充分体现个人的思考多样性。思维导图入门简单，一旦掌握了这种方法就可以明确学习的目标，并在短时间内挖掘思考潜力，提升个体的综合能力，使学习者终身受益。

　　基于以上考量，川大附小的师生们大胆地进行了绘制"思维导图"的尝试。

　　以下是部分来自川大附小六年级数学组的作品展示。

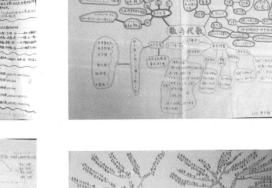

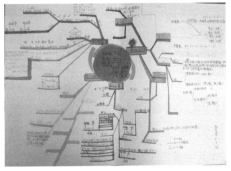

二、构筑心中校园，发展综合素养

作为一门综合性课程，老师们倡导孩子们积极运用各学科知识解决真实的数学问题。通过综合实践，构筑心中校园，让孩子们在动脑设计、动手绘制、动手搭建的过程中手脑并用，建立科技、道德、艺术等多学科的内在联系，从而体会学习的乐趣。

为了完成这个实践活动，我们制订了具体的实施流程，对每节课都提出了细致的要求。既有大的流程，也有每个小组必须按照时间节点完成的相应项目书。

```
明确目的
   ↓
讨论分组
   ↓
调查、测量，按比例制作
   ↓
选材料制作模型
   ↓
成果展示  总结升华
```

我们会记录同学们在各阶段的成果。

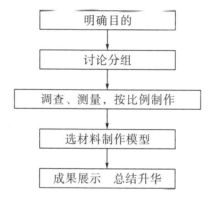

设计图一   设计图二

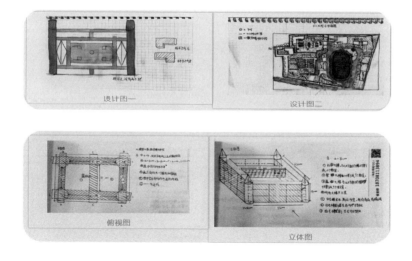

俯视图   立体图

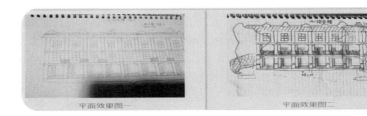

平面效果图一 平面效果图二

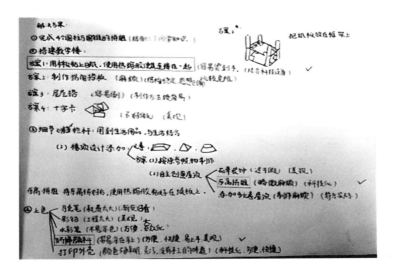

　　数学综合实践活动课程强调学生参与校园活动以获得"体验"
"体悟""体认"，同学们主动参与并亲身经历测量、绘图、制作的实践过程，体验并践行价值信念，体现"知行合一"。

　　在活动中，同学们分工合作，锻炼了协作意识。当遇到小组如何分工，模型如何搭建等问题时，同学们能主动提出自己的想法，提升了自己对问题的探索和解决能力。

　　在活动中，同学们学会了群策群力，发挥了集体智慧。从材料的选择、经费的控制到成品管理都有了相应的规划和制度。同学们在活动中大胆创新、勇敢尝试，不仅呈现了学校原有的外貌，还发挥了自己的想象，结合实际需求，设计出了自己心目中的校园。

　　作品完成后，我们不仅在年级上进行了巡展，还在周一的早上在

校园内进行了展示。大家积极吸收优秀作品的优点，同时也对不够完美的作品提出鼓励。

　　这种活动，丰富了学生的知识，开阔了学生的视野。这是我校六年级数学组积极推进课堂教学改革，并将教学从书本向生活的延伸的实践，体现了教育从校园向社会拓展的全新课改理念。

　　数学综合实践活动是培养学生的创新精神和实践能力的重要途径，而小学数学实践活动强调数学知识与社会生活的整合，强调学生的学习不只是解题，而应紧密联系生活实际。同时还强调通过实践，让学生在"实践"中学，在"操作"中学，将所学知识加以运用，通过亲身体验，获得直接经验，丰富感性认识。小学教学实践活动引导学生将所学数学知识学以致用，学生活中的数学，并在这个过程中培养分析问题和解决问题的能力。

综合实践活动，让探索与实践相融，架起灵动生活与严谨课堂教学之间的桥梁，真正实现知行合一。儿童在"知"中开阔眼界，全面认识自己，在"行"中挖掘发展潜力，收获成长乐趣。

第四节　情智教育故事篇

在"双减"政策下，要做到"不减质量、不减未来"，需要我们回到两个重要入口端。一个是教师入口端，另一个是学生入口端。下面我们从这两个端口出发，倾听一个个动情的教育故事。

故事一："我是一级大专家"

圆的面积和周长是孩子们最易混淆的两个知识点，涉及的相关计算比较麻烦，部分学生对此学习积极性不高。经常会出现说起来什么都知道，做起题来到处都在错的情况。为了提高孩子们的学习兴趣，我特地设计了一节课——"我是一级大专家"。

这天，我走进教室，神秘地说："今天有几位'数学病人'来我们班求医。"孩子们瞪大了眼睛。当我呈现出几位"错题病人"的案例时，孩子们早已纷纷举起了小手，甚至还忍不住大声喊起来："刘老师，我来我来！"

我随机请了一位孩子上台，他非常高兴地跑了上来，开始诊断这位"病人"。他声音洪亮地说道："这位'病人'根本没有认真读题，连圆的周长和面积都没有分清楚。"边说边用红色的粉笔在题上圈出重点词语，给大家分析这道题为什么是求周长。讲完后还很严肃地说："重要的事情说三遍，认真读题，区分清楚周长和面积很重要。"顿时，教室里响起了同学们响亮的掌声。我竖起大拇指，高兴地说道："真是位'一级大专家'，诊断准确，处方很有疗效！"

课堂瞬间进入了小高潮，同学们争先恐后地举起小手参与。

随即我又推出第二位"病人"，并请了一位平时不爱发言的孩子来诊疗。她跑上来很自信地说道："刘老师，这位病人求周长时少加了一部分，可以先描边线。"说着，她还拿起粉笔描了起来，并且写出了解题思路，最后摊着手说："这就不会错了呀。"不知道是出于对这匹"黑马"的惊讶，还是出于她自信的表达，教室里响起了最热烈的掌声。

接下来，我又请出第三、四位"病人"，在诊断中，孩子们把求圆的周长和面积的要点理了个清清楚楚：①先判断是求周长还是面积；②如果是求周长，要先描边线；③求组合图形的周长和面积要写思路，不能漏掉；④周长和面积公式要正确；⑤计算要仔细，单位别带错。

总结完后，同学们马上练了几个易错的题目，结果准确率有了很大的提高。

整节课孩子们都热情满满，兴趣盎然，下课了，孩子们还意犹未尽。

故事二：比赛第一我最行

如何点燃孩子的学习热情，比赛无疑是最佳燃爆点。所以，各种形式的比赛时常贯穿在我的教育教学之中。而且，比赛要大方、潇洒地给出尽量多的第一名，让尽量多的孩子时时感受到"我是第一名""我是最行的"。

又是一节数学课，一走进教室，我就竖着大拇指，感情充沛地进行"比赛式作业小结"：全班5名同学并列第一名；小组并列第一名共 5 个小组；还有 5 位同学获进步并列第一的成绩。这样一来，大部分孩子都得到了第一名，都觉得自己是最棒的。这些孩子腰板挺得直直的，全身似乎有使不完的劲。而没被表扬的孩子自然也被带入积极努力的学习状态之中。

接着来到最关键的"比赛式新课"，学习的课题是"分数混合运算"，主要情景是：昨天卖出汽车 50 辆，今天卖出的汽车比昨天多 1/5，今天卖出多少辆？

要弄懂的知识点有两个：一个是"求比一个数多几分之几的数是多少"，另一个是"分数混合运算"。我将学习任务用 PPT 呈现出来，让各小组合作学习，比赛哪个小组合作得最好，汇报得最精彩，从而获得第一名。有了孩子们最喜欢的比赛，有了争夺第一的动力，每个小组的孩子学习都非常投入，到汇报时，孩子们的表现也相当精彩。尤其是有一个小组汇报：今天卖出的汽车比昨天多 1/5，这句话可以有两种理解。①表示今天的辆数是昨天的 1+1/5，列式为 $50 \times (1+1/5)$，是用单位"1"×分率＝对应的数量。②今天的辆数比昨天多 $50 \times \frac{1}{5}$ 辆，是用昨天的辆数＋多的辆数＝今天的辆数。这个组刚一汇报完，另一个组赶紧补充道："这样理解后，今天根本就没有新知识，都是以前学过的。分数混合运算和整数运算的顺序和法则也是一样的。"孩子们你一言、我一语，很轻松地就把知识学懂了。最后评价时，我从不同角度评出了很多个第一名。甚至为了鼓励没获第一名的小组，还给他们评了一个"胜不骄、败不馁"的第一名，这样一来，每个孩子脸上都洋溢着成功和喜悦表情。

最后来到"比赛式巩固练习"，我将练习分为两个阶段。第一阶段：全班先进行个人比赛，每个学生独立安静地完成练习，全对的孩子获得并列第一名。第二阶段：并列第一名的孩子，对作业有错的孩子进行辅导，比赛哪些组辅导得又快又好，从而评比出第一名。通过这种方式，讲的人讲得津津有味，听的人也听得聚精会神，学习效果比老师主讲好多了。

这一节课，各种形式的比赛下来，绝大多数孩子都获得了第一名，有些孩子还多次获得第一名。久而久之，全班同学被成功和喜悦包围着，自然会自信满满，学习热情高涨，学习效率倍增。

故事三：我帮我点赞，你行你真棒

每个孩子都有自己的优点和缺点，有的不完成作业，有的不守纪律，有的和同学闹矛盾……如何让我们的教育最有效？我采用的是"十字"口诀：我帮我点赞，你行你真棒！也就是对有缺点的孩子，多帮助，多点赞，夸赞孩子一定能行，一定会成为最棒的自己。让孩子感受到老师浓浓的爱，在温暖的期待中灿烂花开。

记得我在新接手的一个班上，遇到了一个爱有意捣蛋，老师几乎管不了的孩子。一天中午吃饭，他将嘴里的饭往同桌孩子的碗里吐，同学告老师，他还打同学。我当然气极了，声音瞬间提高八度，开始批评他。但他噘着嘴，抖着双腿，斜着眼睛看都不看我一眼。我心想：遇到硬刺了，于是赶紧话锋一转，说道："今天上午上课都那么乖，昨天做清洁也认真，今天怎么了？"这个"表扬式批评"一出口，他马上看向我想说些什么。

由于他的行为实在有些过分，我仍然用着老师的威严厉声说道："那么乖的孩子，今天为什么做出这么糟糕的事情，过来说清楚。"一句"那么乖"让他不再排斥我。他很快地走过来，我便把他带到百合溪谷的亭子里，先表扬他听老师招呼，一喊就很快过来，也算是给自己找了个台阶，态度也和蔼起来，开始谈心。从了解到理解，从帮助到鼓励，孩子整个人也温和了下来。在后来一次又一次的反复中，我始终都给予他温暖的鼓励，不厌其烦的帮助，循序渐进的要求。不到一学期，孩子就完全变了个人。

我还遇到过一个女生，她数学成绩很差。在一次单元独立小练习中，她得了 18 分。第二天再交上来时，却被她改成了 78 分。我了解情况时，她低声说："分太低了。"又想到我刚来，不了解她，不会发现，就改了。面对这样的孩子，我一直保持着低声温柔，安慰她不要害怕，并且肯定她改分的意图没有错，我完全能理解。再坚定指出，她想得高分的方式方法错了。接着和她一起讨论该用什么样的正确方式得到高分，最后我还向她保证，这件事是我俩的秘密，我绝不外泄，妈妈、同学和班主任老师永远不会知道。孩子从害怕、紧张到轻松，信心满满，满眼都是对我的感激、依赖和信任。从那以后，孩子整个人都变了，特别喜欢数学，并且在我坚持不懈、一次又一次的鼓励和帮助下，在第三单元的独立小练习她就获得了89分，而且整个人也变得开朗、大方、自信起来。

在今年，我接了一个班，遇到了一个孩子，他完全不能控制自己的情绪，几乎不能正常上课。我第一次去上课，他在看书，我招呼他，他根本不理我。为了了解孩子们的学习情况，有节课的内容是全班做练习。过了一会儿，他大声地吵起来。为了不影响其他同学，我赶紧叫他出教室，可能我是新老师的缘故，他还算给我面子，很快来到教室外的过道中。我好像生怕他跑了喊不回来似的，赶紧表扬他看书认真，一定从书中学到了很多东西，并且拉着他的手说："我最喜欢爱看书的孩子。"他便开始滔滔不绝地给我讲他看了哪些书。我边听边表扬："你看了那么多书，一定很聪明。"他骄傲地说："是啊，我科学课从来不上，考试却都能考90多分。"我便更加夸张地说："那你是个小天才哦！"他高兴地撒娇说道："我不知道嘛！"看得出来，孩子已经接纳并开始喜欢我了。我趁机总结到："今天，老师了解你了。你有三个优点：①喜欢看书，一定学了不少知识。②性格很开朗，很会表达。③科学成绩好，再努力努力，其他科的成绩也会很好。"下课后我又请他吃了一个点心，整个过程中，他特别地喜欢我，并说："老师，我爱你，抱一个。"接下来，爱他、夸他和帮助他，奖励个小礼物，给一个拥抱就成了我们相处的主旋律。而且，孩子一到办公室，我就会有意向其他老师夸他进步了，情绪控制越来越好了。其他老师也一个劲地夸着，奖励着。就这样，孩子的情绪控制越来越好，从开始的一天几闹变成一天一闹，再到几天一闹，甚至一周不闹。我也成了他最依赖、最喜欢的刘老师。

故事四：幽默的杨老师

我的数学老师，她姓杨。别看杨老师对我们要求严，生气时有点儿吓人，其实她是幽默风趣的人，那冷不丁儿扔来的包袱，由不得你不笑。那天做完习题，杨老师用手抬了抬眼镜问我："3题，床有多大?"

我忙站起来,小声回答:"2米。""2米?"杨老师看着我,意味深长地说道,"哦,夜里睡钢丝?"蓦地,在我眼前出现了一根细线似的钢丝。我恍然大悟,立即脱口而出:"不对,是2平方米!"杨老师微笑着朝我挥一挥手。这形象的语言将长度与面积的区别深深地印在我脑海之中。呵,杨老师真幽默!

就说一个小数点吧,这还有什么新鲜的?可杨老师说的就不平常了。刚学小数的时候,同学们做题时总会把小数点儿弄错,杨老师说:"小数点儿错位可不得了啦!要是把年龄的小数点向后移一位的话,不就成木乃伊了?"顿时,同学们都哄堂大笑。我望着杨老师那亲切的面容,心想:哎,小数点作用大,千万不能掉以轻心。

这一学期刚学了本金、利息和利润率的知识,一些同学在计算时总忘记加上本金,杨老师便说:"老师以后开个银行,欢迎那些小马虎来存钱,取出利息留下本金多赚钱啊!"小马虎们听了都羞愧极了,一个劲儿地拍脑门。

杨老师给同学们纠正错误时总以幽默的语言,使数学课不再枯燥,变得活泼起来,真是一个幽默的杨老师!

故事五:感恩过去

时间如白驹过隙,六年飘然而过。作为一名青年教师,来到川大附小已经六年时光,一路走来,磕磕绊绊,但收获颇丰。大学毕业后,我便来到这所百年名校工作,教小学看似简单,但这其中的学问却让我恍若又读了一个大学。打开记忆的匣子,回忆如洪水般涌出,那些教学的经历,那些教学的闪光点,那些孩子的新奇想法,让我对数学教育的理解越来越全面。虽说我还是有很多不足,但在附小的这些有意义的经历激励着我一步一步向前走。

还记得一年级时,我上了我教学生涯中的第一次公开课——"填数游戏",也就是"数独游戏"。为了引起学生的兴趣,我从"河图洛书"引入这堂课,"河图洛书"也就是"九宫图"的前身,其中蕴含着丰富的数学道理。但是对于一年级的孩子而言,还是有点难以理解,而且"河图洛书"和"数独游戏"存在本质上的不同。所以我放弃了这一设想，而是直接用"孩子们，我们一起来玩游戏好吗?"这样一句话牢牢吸引了孩子们的注意力，继而和孩子们探索"数独游戏"的奥秘。这是我第一次上公开课，对于某些环节的失误我也能坦然接受，毕竟成长比成功更加重要。

时间一下子来到了二年级，经过接近两年的上课和听课，我对数学教育的理解又深了一层。恰好有同事找到我，让我去给社区的家长开数学讲座，作为一个教学"菜鸟"，我勇敢地抓住了这次可以锻炼自己的机会。在讲座上，我告知家长："父母之爱子则为之计深远……数学来源于生活更高于生活。"家长们也反馈了自己的孩子在数学学习时遇到的一些困难，我则站在数学老师的角度给出了一些建议，也向他们推荐了一些书籍。不管怎么说，我又一次锻炼了自己。

通过这些活动，我收获了祝福和经验，当然，我也依旧清醒地认识到自己有很多不足之处，还需要不断地修行，不断地攀登，变成自己期盼的样子。感恩来自附小的一切。

章二　基于数学情智教学的示范影响

　　川大附小教育集团一直主张"现代生活·情生智长"的智育教育，提出了附小教育发展的生态质量系统。川大附小以"三可质量观"为引，聚焦"吸引人、激发人、生长人、走出人"的附小现代好课标准，全面落实各学科主张，坚持"儿童感、生活味、思维度、创新性"这四个课堂核心要素的落实与生长，用规范提升品质，直面现实，回顾反思，重视教育公平，面向全体师生，全面提高教学质量，促进集团学校和谐优质发展，以实现附小教育综合育人诉求。"以思想为指引，以数据为实证，以质量为根本"的"三可质量观"，全面奏响了附小课堂革命的号角。情智数学的发展在集团内、联盟校以及区域内产生了良好的效应并收获了持续的关注。

第一节　情智课堂·探索"情智"点线面

　　我们的数学课堂，不再是传统式、填鸭式的课堂，也不再是老师的一言堂。我们在"现代生活·情智课堂"的主张下，思考并践行的是基于儿童、基于时代、基于未来的情智数学课堂。课堂层层递进，知识由浅入深，步步升华，调动思维，活跃课堂，在数字图形之中相约，层层探索，趣味无穷。

"情智"有感：

情：以游戏为驱动，以活动为载体，激起学生研究的欲望；学生在生生交流、师生对话中不断深化和理解除法模型中各部分间的关系，并逐步达到活学活用，情理相融的目标。

智：通过复习和理解除法模型各部分间的关系，深度聚焦除法模型中余数和除数的价值内涵，从而达到活学活用的目的，提升学生的应用意识。

"情智"有感：

本节课通过"数字拟人化""运算故事化"的方法帮助学生厘清数的对应逻辑运算关系，促进学生的思维发散有。

同时运用"算式轮"，借助数形结合的方式厘清算理、算法和逻辑间的互通关系，促进学生思维聚合。

"情智"有感：

聚焦基本推理思想，提升学生思辨意识和能力，学习竖式谜基本方法，巩固乘法运算意义，夯实运算基础，提升学生解决问题能力。

"情智"有感：

日历是我们生活中再熟悉不过的事物，从日历中去寻找规律，让孩子们感受数学就在身边，从而对数学产生亲切感。

在探索规律的环节中，孩子们通过自己观察，进行独立思考、小组交流、严谨求证、得出结论，在共同探究中感受数学的特殊到一般，感受不完整归纳到完整归纳的过程，逐步发展孩子的抽象和推理能力。

"情智"有感：

在学校倡导的"现代生活·情智课堂"的理念引导下，我尊重儿童教育的已有经验，遵循儿童的学习规律，通过观察表格及图形来发现规律，带着孩子们完整体验了猜想—验证的过程，并把周长与面积的关系应用到比大小中去，让学生走出思维定式。

　　川大附小集团数学课堂是"四有"课堂——有根基、有温度、有视野、有担当。情智生活，活学善思，思中有数，数以创优。我们用数学的眼光、逻辑的思维、生动的语言，去感知这个多彩的世界时，童年的梦想、前进的脚步，也会在未来的成长里，一步一步，清晰可见。

第二节　情深智重·情智数学重传承

　　川大附小的年轻教师承蒙老教师的悉心指导，承载前辈们的期望与祝福，肩负起传承情智课堂之重任。后浪与前浪，心中火热，眼里有光，同希冀，齐奔涌。情智与学活，不懈探索，不断创造，育和善，共创造。

　　青年教师林兴娅说："数学来源于生活，孩子们在教师的启发引导下，乐意动手去找一找、摸一摸平面图形，再通过描一描、分一分、摆一摆等操作活动充分感知平面图形，遵循了从具体到抽象的认知规律。在学习过程中，学生对图形产生了兴趣，兴趣会激发大脑产生能量，这些能量继续激发孩子们寻找探索知识的想法，开启了创造可能性。在合作交流中，孩子们会想、会说，人人都是小小数学家！"

青年教师吴丹丹说："通过摸、描、画、剪等活动，学生亲身体验并获得了关于图形的感性认识。在摆弄学具的过程中经历从体到面的知识迁移和内化，进而上升为理性认识。教学需要按照一定的进度完成，但学生的学习可以基于自身的基础和经验，从而给予不同类型的学生发展和成长的空间。"

青年教师叶玮琳说:"通过错题小报,总结归纳错题,梳理方法。找出错因,分类整理,变式练习,高效学习,取得了事半功倍的效果。孩子们作为主角,自己动手、动脑、用心思考,激发了学习动力,以情促智、情智相长!"

情深之意,智重同行,川大附小年轻的教师们在这片教育沃土上,传承师道,永怀初心,乘风破浪。

第三节 情智数学·以研促教,共享数学之趣

川大附小数学团队走进宜宾市筠连县胜利街小学,开展了主题为"现代生活·情智数学"的联合教研活动。此次活动由宜宾市筠连县教育和体育局主办,四川大学附属实验小学和筠连县胜利街小学承办。

　　成都市沈勇名师工作室和武侯区潘海燕名师工作室领衔人，携两个工作室成员曾华、杨雯娟、隆群等老师为筠连县全体小学数学教师提供了一场"现代生活·情智数学"的现场观摩研讨活动。

　　上午的联合研讨活动，由沈勇校长担任学术主持，三位老师围绕"现代生活·情智数学"的"情"和"智"演示了三节研讨课。课后，三位老师站在儿童、数学、情智共生的角度，就课的设计和在场老师进行了交流。随后筠连县教研员周明乾老师高度赞扬了这三节课，他表示，在这三节课里，老师们大胆放手，充分尊重学生、激发学生的兴趣，促进学生的真实成长，真正体现了以学为中心。

　　下午的教研活动中，由川大附小教导主任潘海燕担任学术主持。川大附小常务副校长沈勇为大家带来的一场题为"现代生活·情智数学"的专题讲座，可谓是干货满满、妙趣横生！沈校长围绕主题，从数学管理、数学教学、数学课例等方面对"现代生活·情智数学"的内涵作了阐述。研讨活动结束后，参会教师主动向附小团队虚心请教，面对面交流，附小团队为老师们解惑答疑。虽然短暂，但收获满满。

　　"情智"有感：川大附小主张的"现代生活·情智数学"的育人理念与国家提倡的培养学生六大核心素养的总体方针一致。自从成为川大附小的加盟校以后，我们学校（胜利街小学）多次派数学老师们前往川大附小进行为期3~5天的跟岗学习，通过一次次教研交流活动，"现代生活·情智数学"的育人理念在我校落地生根，起到了很好的辐射和影响作用。尤其是对我们的教研教改思路起到了很好的帮助。近几年我们学校的数学课堂进行了一定的改革和改进。为贯彻落实减轻学生课业负担，我校制订了落实"五项管理"的实施方案。其中的"作业管理篇"，明确作业管理要求，把握作业育人功能，科学布置作业，合理调控作业总量。明确规定严控书面作业总量。低段1至2年级不布置书面家庭作业，3至6年级，每天书面作业完成时间不超过60分钟，且在课后服务时间内整理完成。回家最多安排少量的阅读或背诵小任务。教师不得布置重复性、惩罚性作业。校教科室还组织各年级开展自导式教学模式，做好课前预学工作。我们学校的总体教学成绩不但没有下降反而有所上升。

　　某一线数学教师"情智"有感：以往我上一个班数学的时候，大多数时间就是备课和批改作业。当作业频频出错时，教学难点难以突破。这些困惑常常让我非常苦恼。自从去川大附小跟岗学习后，我深受附小"现代生活·情智数学"教学理念以及教学方法的影响。"上有温度的课堂""智慧的课堂""像农民种庄稼一样教书"这样的话语不断在我脑海里浮现。回学校后我结合我班学生的实际情况，开展了许多有趣的数学活动，比如：每天课前3分钟的听算练习，一周评选一次口算明星。周末开展"体验1千米的活动""听听家长1分钟的心跳""测量小达人"等数学活动，编写数学日记等。一学期下来，我班孩子爱上了数学，都纷纷表示"原来数学这么有趣"，我也从孩子们童真的话语中，感受到数学学习的魅力。现在即便我担任双班数学教育的任务，工作量增加了，但丝毫没有影响我的教学成绩。我教起来轻松了，孩子们学起来也快乐了！感谢川大附小的学术引领，让我成长了。

附小数学团队带着思考"走出门"，立足现代生活，开展情智教学，进行学术引领。只有深耕于教研，才能细作于课堂，附小团队和胜小团队在一次次的交流沟通中，实现互相成长，共同进步。

第四节　情智数学·潜心研修守初心

遇见美好的四月，相约美丽的成都。盐池县师资培训中心副主任孙学敦和四川育尚教育李晓霞老师及其工作人员带领52名学员来到川大附小学习以大学文化孕育小学教育个性，以大师思想培养小学教育品质，以"现代生活·情智数学"为理念培育儿童快乐学习数学。

晚上，复盘研讨中，学员们纷纷表示，研修学习给予了教师们相互学习、共同进步的机会，增强了外出学习的时效性，使教师们接触到川大附小先进的数学育人理念，体验了真实课堂，了解了改进和优化自身工作的有效途径，提升了大家工作的热情和责任感。

　　通过本次学习，学员们明晰了具有"儿童感·生活味·思维度·创造性"的数学课的真实样貌，看到了在"现代生活·情智数学"育人理念下成长的朝气蓬勃的附小学子。返岗后，我校教师纷纷把培训收获与自己的实际工作结合起来。各年级纷纷开展了围绕"情智课堂"的教研活动。

　　会后采访一位老师时，他这样说："回顾我的数学课堂，也曾有过欢声笑语和愉悦的时刻。不知从何时起我开始担心学生听不懂，担心学生表达不了，应用不了，开始时不时抢夺孩子们的话语权，代替学生做了好多事。渐渐的，我的数学课堂变得沉闷，呆板。这次学习让我恍然大悟，我忽略了孩子们的真实要求，他们才不管数学重不重要，他们想的就是在数学学习活动中找到游戏一样的快乐。他们需要的是真实的成长。因此，我从归还话语权开始调整我的课堂。一周录制 2~3 次自己的课，统计每堂课学生发言、合作探究的时间和我教学的时间所占的比例，尽可能多听听学生的声音。同时课前做足调查工作，听听孩子们预学时遇到的困难。感谢川大附小'现代生活·情智数学'育人理念带给我的启发和帮助。"

第五节　情智数学·笃行致远共成长

四川大学附属实验小学开展了基于"现代生活·情智数学"主张的"一流学科建设"（数学）深度研讨活动。成都市沈勇名师工作室、武侯区潘海燕名师工作室承办活动，川大附小集团各校区、第三联盟学校、宁夏盐池县、白玉二完小等教师共 1000 余人于线上线下参加了研讨。本次活动分"理念、策略、实践"三个版块进行。

课堂改革，理念为先。成都市教育科学研究院小学数学教研员、小学数学"学力"教育价值取向提出者张碧荣作了"新课程背景下小学数学核心素养解读"的主题报告。沈勇名师工作室领衔人沈勇结合川大附小"现代生活·情智数学"主张，作了"为儿童真实成长而教"的主题报告。

在策略版块中，沈勇按"数与代数、图形与几何、统计与概率、综合与实践"四个领域，进行了基于学科核心素养的知识体系建构及教学策略的主题报告。川大附小数学大组长黄兴作"基于教师真实工作状态下的教学常规创新与实践"的主题报告。

在实践版块中，潘海燕名师工作室领衔人潘海燕聚焦小学数学练习课，带来"方圆之间"的课例教学。川大附小教研组长袁敏聚焦小学数学概念课教学，以"比的认识"为题带来展示课例。沈勇聚焦小学数学的综合与实践课，以"大魔术师"为题带来展示课例。

"理念为根，策略为径，实践为帆；教育的答案，已跃然于心。"活动相关负责人表示，本次深度研讨活动体现了川大附小"为儿童真实成长而教，为儿童向上向好而育"的理念，上有生活味、有儿童感的课，促进师生在数学课堂中情生智长。

第六节 情智学堂·百川共融，愿与君同

怀着同一个希望，逐梦的教育者们相聚一堂。2020 年 12 月 4 日，由四川省教育科学研究院、成都市武侯区教育局主办，《教育科学论坛》编辑部、四川大学附属实验小学教育集团承办的四川省第 27 届小学教育教学改革研究共同体暨第 3 届 STEM 教育教学改革研究共同体学术研讨会在川大附小隆重举行。

本次研讨活动旨在落实立德树人根本任务，拓展学科育人价值，交流我省各地小学教育教学的典型经验，强化课堂主阵地作用，优化教学方式，切实提升课堂教学质量，追求高品质特色学校建设。

来自全省"共同体"代表和其他受邀学校代表约 600 人参加了此

次会议。在本次研讨会中，各路各师大家齐聚，共享经典课例展示，互动交流学习，探讨专业发展。

五育并举、五育融合，立人新民，家国天下。

在川大附小里，孕育着生命向上的拔节，蕴含着生活向好的憧憬。五湖四海的同仁相聚一堂，在望江之畔，在教育的情怀中遨游。"海纳百川，行知合一"的附小精神，也终将在温暖的阳光下，朝向未来。

第七节　精彩·一场数学的遇见

由四川省教育科学研究院主办，成都市武侯区教育局和西南大学出版社协办，武侯区教育科学发展研究院和四川大学附属实验小学承办的"四川省 2021 年小学数学课堂教学专题观摩活动"，在四川大学附属实验小学举行。

22 位来自各地市州的老师们悉数亮相，展开课堂教学的精彩角逐！

"一个人可以走得很快，一群人可以走得很远。"温暖的光照亮课堂，团队力量凝聚集体才智。

学生是课堂的主体。课堂上，川大附小学子的良好素养给每一位参会老师留下了深刻印象，他们的大胆表达和精彩呈现让参赛教师和评委赞叹不已。

来自川大附小的杨雯娟老师代表成都市参加了"四川省 2021 年

小学数学课堂教学专题观摩活动"，呈现了一堂精彩纷呈的课。这堂课的呈现，不是一个人的表演，而是由市、区教研员，学校骨干教师组成的磨课团队耗时近半年的精心准备和充分打磨的成果。

团队的老师们采用小组先试听、大组再打磨、无学生试讲、借班试练等多种形式进行磨课。从场景到内容，从数学本质到儿童接受方式的契合点不断发掘……在每一次试讲中发现问题、修改思路，力求最大限度激发参赛教师的个人潜能，充分展现参赛老师的个人风采。

  "磨"字包含着课堂背后付出的心血，犹如君子之德，切了要磋，琢了要磨。正是团队的倾力付出，让参会人员对这堂课纷纷点赞。

  成绩之外，是"情智·数学"教学主张的体现。

  有这样一群人，和杨老师一样，数年如一日耕耘在学校所追求的情智课堂！

  杨老师的课堂也是川大附小"情智课堂"教学呈现出来的一个

点，更是一个面！

成绩的背后，饱含着大半年的磨砺、反复讨论、认真论证和及时调整，尽管过程很艰辛，但收获满满。

这份沉甸甸的收获不仅包含了荣誉，更有武侯教师对数学本位知识更彻底的理解，对教学理念更高位的认知，对儿童认知规律更深刻的了解。

后 记

　　川大附小的情智数学课堂体现了"十四五"规划中的新发展理念——创新、协调、绿色、开放、共享，灵动的课堂与和谐的师生关系，能够促使孩子们个性发展。真实的情景、合情的推理、巧妙的情趣、浓浓的情意让课堂变得妙趣横生。

　　在教学过程中，重点在于让学生勤思考，让孩子们去发现问题、解决问题，从而带来向上向好的教育。教人人能学懂的数学，学有用的数学，学数学家的数学。

　　川大附小的情智数学主张是支持和激励教师上好有学校思想、学科主张、个人风格并能充分激活学生情感和思维的课。学科主张与个性风格在充分激活师生情感生机和思维活动中共生，课堂在师生活动中达成"现代生活，情智课堂"的价值追求。我们以"情、智、胆、志"四维链接"儿童感、生活味、思维度、创新性"四涵，以"学习方式的与时变革，学习资源的开发建构，学习过程的真实发生"为实施载体，直指新时代附小育人目标，实现现代生活教育的主张。